Adolph Menzel
und das Heer Friedrichs II. von Preußen

Klaus-Ulrich Keubke · Helmut Schnitter

Adolph Menzel

und das Heer Friedrichs II. von Preußen

Brandenburgisches Verlagshaus

Keubke, Klaus-Ulrich
Adolph Menzel und das Heer Friedrichs II. von Preußen /
von Klaus-Ulrich Keubke; Helmut Schnitter. – 1. Aufl.
– Berlin : Brandenburg. Verl.-Haus, 1991. – 100 S. :
81 Ill.

ISBN 3-327-01066-8

1. Auflage
© Brandenburgisches Verlagshaus, Berlin 1991
Printed in Germany
Satz und Druck: INTERDRUCK Leipzig GmbH
Lithos: Reprocolor Leipzig
Buchbinder: Leipziger Großbuchbinderei
Reproduktionen: Jean Molitor
Lektor: Erika Rathmann
Einband und Produktion: Günter Hennersdorf
Typografie: Dieter Lebek
Redaktionsschluß: 15. Juni 1991

Inhalt

Adolph Menzel und die friderizianische Armee

I.
Der Künstler
Menzel

Adolph von Menzel, aus dessen künstlerischem Schaffen hier eine Auswahl vorgestellt wird, gehört zu den hervorragenden Vertretern des bürgerlichen Realismus in der bildenden Kunst. Durch zahlreiche Holzschnitte, Zeichnungen und Gemälde wurde er ein berühmter Künstler, anerkannt und geachtet in seiner und der späteren Zeit. Einen Großteil seines Werkes widmete er der preußischen Militärgeschichte, namentlich der Darstellung des Heeres unter König Friedrich II. (1712–1786), dem bedeutendsten Hohenzollernfürsten auf dem preußischen Königsthron. Mit den Mitteln der Graphik und der Historienmalerei gestaltete Menzel Krieg und Heer unter Friedrich II. und nahm mit dieser Thematik und seiner spezifischen Darstellung zu Fragen seiner Zeit – Krieg, Frieden, Fortschritt, Besinnung auf die Vergangenheit mit Blick in die Gegenwart – Stellung. Eine eigentümliche Faszination geht von dieser Militaria-Seite im Wirken der später von Kaiser Wilhelm II. hochdekorierten und geadelten »kleinen Exzellenz« aus.

Viele Jahrzehnte, über nahezu zwei Drittel des 19. Jahrhunderts hinweg, vermochte er künstlerisch zu wirken und, wie der Kunsthistoriker P. H. Feist schreibt, »den Maßstab für die Möglichkeiten und Errungenschaften realistischer Kunst in Deutschland« zu setzen. Aus diesem Grund »lassen sich an seinem Lebenswerk auch Kriterien für Stellenwert und Bedeutung des deutschen Realismus des 19. Jahrhunderts im weltgeschichtlichen Prozeß der Kunstentwicklung und für den internationalen Rang der deutschen Malerei und Grafik während jener Epoche gewinnen«.

An dem von Menzel leider nicht vollendeten Gemälde »Aufbahrung der Märzgefallenen« (1848) wird die Sympathie des Künstlers mit den Teilnehmern der revolutionären Ereignisse deutlich. Sein berühmtes Gemälde »Das Eisenwalzwerk« (1875) bildete die erste eindrucksvolle Darstellung der industriellen Arbeitswelt in der zeitgenössischen bürgerlichen Malerei.

Der talentierte, hart an sich arbeitende junge Menzel (geboren am 8. Dezember 1815 in Breslau) kam 1830 nach Berlin, wo er zwei Jahre später die lithographische Werkstatt des verstorbenen Vaters übernahm. Menzel war für das Militär wenig »passabel«; von kleiner Statur, erreichte er nicht einmal das übliche Militärmaß (Mindestgröße etwa 160 cm) und wurde ausgemustert – ein Glück für die Mutter und die Geschwister, für deren Unterhalt er als Unverheirateter über Jahre hinweg treu sorgte.

Mit einer Reihe von Zeichnungen wurde Menzel in der Berliner Kunstwelt anerkannt. Auf Grund dessen gewann Franz Theodor Kugler, namhafter Historiker und einer der Begründer der bürgerlichen Kunstwissenschaft, Menzel als Illustrator für seine »Geschichte Friedrichs des Großen«; das vielgelesene Buch erschien 1840 in Leipzig und erlebte später noch mehrere Auflagen. Der 25jährige angehende Künstler er-

Holzschnitt für den Lieferungsumschlag zur »Geschichte
Friedrichs des Großen« mit Brustbildern von Friedrich II.,
Ferdinand von Braunschweig, Leopold von Anhalt-Dessau,
v. Zieten, v. Hertzberg, v. Seydlitz, v. Schwerin und
Prinz Heinrich von Preußen

scher Kräfte im Vormärz zusammen. Der 100. Jahrestag der Thronbesteigung des »Philosophen von Sanssouci« war für diese Kreise ein Anlaß, die reaktionäre Praxis der preußischen Krone des Jahres 1840 anzuklagen und den neuen König Friedrich Wilhelm IV. zu liberalen Zugeständnissen zu bewegen. Der »Alte Fritz« wurde so zu einer Art Tugendgestalt, die durchaus einen Maler wie Menzel für sich einnehmen konnte. Der Künstler Menzel sah in Friedrich II. ähnlich wie Franz Kugler einen geistvollen Aufklärer, einen Kunstmäzen, »Landesvater« sowie einen königlichen Feldherrn, der die vielen Unbilden der Feldzüge und Heerlager mit seinen Soldaten persönlich teilte. Jener patriarchalisch-idealisierende Betrachtungszug erlaubte es dem jungen Künstler, nicht wenige überlieferte Anekdoten und Legenden um den »alten Fritz« volkstümlich in Zeichnungen umzusetzen und das friderizianische Militärleben plastisch vorzustellen.

Als Menzel 1839 diesen großen Auftrag bekam, stürzte er sich mit Eifer in die neue Aufgabe und

Holzschnitt zu F. Kugler: Waffensaal im Zeughaus
(1. Fassung, bei der 2. Fassung fehlt die
stehende große Rüstung)

kannte seine Chance und widmete sich in den folgenden Jahren der Geschichte des preußischen Heeres und seiner Feldzüge.

Dieses Interesse war kein Zufall oder Ergebnis eines besonderen Geschäftsdenkens; die Besinnung auf Friedrich II. und dessen aufklärerische Neigungen und Toleranz hing mit politischen Aktivitäten der liberalen Bourgeoisie und kleinbürgerlich-demokrati-

8

schuf in kurzer Zeit fast 400 Illustrationen für das Kuglersche Buch. Am 30. April desselben Jahres berichtete er seinem Freund Carl Heinrich Arnold: »Ich sitze jetzt in Vorstudien bis über die Ohren, ich habe mir Gelegenheit verschafft, alle Muntirungsstücke, Waffen und Kleider aus den Zeiten Friedrichs, die noch hier auf dem Königl. Muntirungs-Depot aufbewahrt werden auf dem Modell nach der Natur studieren zu können, das ist mir ein großer Vorteil, ich kann dadurch den Sachen Authenticität geben.«

Für die Illustrationen zu Kuglers »Geschichte Friedrichs des Großen« erblickte Menzel sein Vorbild im Werk des Franzosen Paul-Matthieu Laurent de l'Ardèche »Histoire de le Empereur Napoléon« (Paris 1839), das mit Illustrationen von Horace Vernet und 50 Holzschnitten von Hippolyt Bellangé ausgestattet war. Diese Holzschnitte erschienen 1843 in Leipzig als selbständiges Text-Tafelwerk unter dem Titel »Die Soldaten der französischen Republik und des Kaiserreiches«. Menzel ging jedoch in bezug auf Genauigkeit und Detailtreue noch über die Franzosen hinaus. In seinen Zeichnungen fand diese Lebensnähe en miniature auch sein eindrucksvolles Profil, das noch heute den Betrachter anspricht.

Doch meist setzte und setzt auch oft heute noch hier die Kritik anderer Künstler und von Kunstkritikern ein. Jene bringen nicht immer Verständnis für die zeitraubenden, aufwendig betriebenen Detailstudien auf, die der exakten Darstellung militär- und vor allem auch uniformgeschichtlicher Arbeiten Menzels vorausgingen. Und doch hat er mit diesen, zudem noch sehr umfangreichen Werken für die Geschichts- und für die Militärgeschichtswissenschaft unverzichtbare Quellen hinterlassen. Auch die Kunstwelt hat in der Gegenwart eigentlich keinen Grund mehr, Menzel ob seiner »gewissenhaften Studien und Forschungen« zu zürnen, denn sie »waren letztlich doch nur der feste Ankergrund, über dem sich eine schier unerschöpfliche künstlerische Phantasie entfaltete, die Bilder von hohem Kunstwert gebar, in denen sich historische Neugier und archäologisches Interesse keineswegs vordrängen«. (G. Lammel)

Den Arbeiten an Kuglers »Geschichte Friedrichs des Großen« folgten in den Jahren von 1846 bis 1849 insgesamt 32 Holzschnitte zu Eduard Langes »Die Soldaten Friedrichs des Großen« (Leipzig 1850–1852). Sie setzen sich aus einer Titelumrahmung, dem Titelbild und weiteren 30 Tafeln zusammen; es gab auch kolorierte Ausgaben. Die hier im Bildteil fast vollständig wiedergegebenen Darstellungen entstammen einem Exemplar aus der Sammlung des Berliner Zeughauses.

Die Grundidee für dieses Werk hatte Menzel schon im Frühjahr 1842 entwickelt. So schrieb er am 23. März jenes Jahres, daß es bei den Bildern der preußischen Armee seine »Absicht sei, dieselben in Gruppen zusammen zu ziehen, … denn nach dem ungefähren Überblick, den ich davon genommen, werden es gewiß 20 Blatt, wenn wirklich durchschnittlich auf jede Waffengattung nur eine Darstellung kommt, und darauf gleich die unterscheidenden Costüme von Offizier, Gemeinen und etwa Unteroffizier zusammengenommen wird. Hierbei würde ich denn in eben diesen beispielsweise gegebenen Darstellungen der Uniformen besonders berühmter Regimenter (was dann auch dabei anzumerken wäre) wählen.«

Vollständig enthalten im anschließenden Bildteil sind die zwölf Holzschnitte des Menzelschen Werkes »Aus König Friedrichs Zeit. Kriegs- und Friedenshelden«. Menzel begann seine Arbeit hier im Jahre 1849, 1856 erschien die Blattsammlung zum ersten Mal. Nur nach Bildquellen schuf er hier eindrucksvolle Porträts von Friedrich II. und seinen Generalen. Unter ihnen befanden sich Persönlichkeiten, die einen gewichtigen Anteil an der Entwicklung der preußischen Armee hatten, so Fürst Leopold von Anhalt-Dessau, Generalfeldmarschall Kurt Christoph v. Schwerin, die Kavalleriegenerale Friedrich Wilhelm v. Seydlitz und Hans Joachim v. Zieten, Generalleutnant Hans Karl v. Winterfeldt und der Bruder und zugleich Widerpart Friedrichs II., Prinz Heinrich von Preußen. Vielfach wurden diese von Menzel so einprägsam geschaffenen Porträts zur Illustration geschichtlicher und militärgeschichtlicher Werke herangezogen.

Viele der zwischen 1843 und 1845 entstandenen

200 Holzschnitte für die Prachtausgabe der Werke Friedrichs des Großen (Berlin 1846–1857) wurden aufgrund ihrer Aussagekraft zum Charakter und Erscheinungsbild des friderizianischen Militärs immer wieder dazu genutzt, wissenschaftliche und populärwissenschaftliche Publikationen sinnvoll und anschaulich zu ergänzen. Aus den Holzschnitten dieser umfangreichen Arbeit Menzels sind für die Militärgeschichte u. a. zweifellos besonders interessant: »Festungswälle mit Soldaten in eifriger Arbeit«, »Beerdigung der Toten von Kesselsdorf«, »Preußische Infanterie überschreitet im Sturm auf die Stellung der Österreicher bei Freiberg nach rechts einen Graben«, »Friedrich überreicht seinen ihn umgebenden Offizieren seine Generalprinzipien vom Kriege« und »Eine Abteilung von Grenadieren umdrängt, von Durst gequält, einen Ziehbrunnen«. Gerade die letztgenannte Darstellung Menzels weist auf eine schwierige, oft entscheidende Problematik der Kriegführung im 18. Jahrhundert hin: die Sicherung der Heeresverpflegung einschließlich der Trinkwasserversorgung war ein Nervenstrang friderizianischer Kriegskunst und Führung der Armee.

Neben diesen Arbeiten schuf Menzel aber ein in der weiten Öffentlichkeit damals wie heute noch kaum bekanntes Werk: »Die Armee Friedrichs des Großen in ihrer Uniformierung« (3 Bände, Berlin 1851–1857). Mit einer Akribie und einem Wissensdrang, die in der Kunstgeschichte kaum ihresgleichen fanden und finden, vertiefte er seine Kenntnisse über die Uniformierung, Bewaffnung und Ausrüstung. Menzel begann im Jahre 1842 dieses umfangreiche, zeitaufwendige Unterfangen, indem er für jede Waffengattung, jedes Regiment, jede Charge nach eingehenden Studien sorgfältige Skizzen und Zeichnungen aller Details fertigte. Zur Motivation dieses Unternehmens schrieb er in einem Entwurf seines Lebenslaufes für Brockhaus' Konversationslexikon: »Die Betrachtung, daß die heute noch vorhandene Anzahl Original-Uniformen, Armaturstücke und sonstige Forschungsquellen, Zeitdokumente usw. früher oder später dem Zahn der Zeit zum Opfer fallen dürften und dadurch ein Hauptmaterial für die bildende

Holzschnitt zu den Werken (»Geschichte des Siebenjährigen Krieges«): Der König und sein Gefolge

Kunst unwiederbringlich verlorengehe, ließ mich die langwierige Mühsal nicht scheuen und zu Ende führen.«

Menzel kam es vor allem darauf an, wie er in seinem Vorwort 1851 betonte, »alles irgend auffindbare Material, insofern es Bekleidung und sonstige Ausrüstung der damaligen Preuß. Armee betrifft, in eine möglichst gesichtete Sammlung zu vereinigen«. Als Hauptquelle diente ihm »eine zum Theil noch wohlerhaltene bedeutende Anzahl militärischer Kleidungsstücke und Effekten«, die nahezu vollständig aus dem Jahre 1786, dem Todesjahr Friedrichs II., stammten. Das Resultat der Nachforschungen Menzels nach Uniform- und Ausrüstungsteilen aus der Zeit von 1740 bis 1770 erwies sich aber schon damals als wenig ergiebig. Doch da die Uniformierung der friderizianischen Armee sich zwischen 1750 und 1786 nur unwesentlich verändert hatte, war es Menzel möglich, das für die entscheidende Zeit der preußischen Geschichte im 18. Jahrhundert Typische der Uniformen zu erfassen. Menzel stützte sich bei seinen weiteren vergleichenden Studien auf die historischen Sammlungen des Zeughauses und der Kunstkammer sowie auf Exponate im Privatbesitz und auf vielfältige bildliche und schriftliche Überlieferungen.

Das nach diesen umfangreichen Studien 1857 (»17. September 57 früh 3 Uhr«) fertiggestellte »Armeewerk« bestand aus drei Bänden mit insgesamt 436 Lithographien. Um das ohnehin äußerst aufwendige Werk von der Arbeitslast her in Grenzen zu halten, hatte sich Menzel zumeist damit begnügt, für die unterschiedlichen Typen jeder Waffengattung eigene Kompositionen zu schaffen, die er dann jeweils für die einzelnen Truppenteile veränderte. Diese Veränderungen gingen zeichnerisch überwiegend dadurch vonstatten, daß er je nach Notwendigkeit Einzelheiten auf den Druckplatten abschleifen ließ. Manchmal erreichte er die Änderungen auch durch eine entsprechend unterschiedliche Kolorierung.

Der 1851 fertiggestellte erste Band »Die Cavallerie« umfaßt zusammen mit der Vignette 145 Blatt. Auf ihnen sind jeweils Offiziere, Unteroffiziere und Mannschaften sowie Spielleute der 13 Kürassierregimenter, der 12 Dragonerregimenter, der 10 Husarenregimenter und des Bosniakenkorps dargestellt. Dazu kommen Ausrüstungsteile, Standarten, Musikinstrumente, Waffen u. a. m.; eingefügt sind auch Porträts. Den Uniformlithographien zu den einzelnen Waffengattungen stellte er jeweils einige Seiten Text mit Erläuterungen über Truppenstärken und zu einzelnen Uniformteilen voran.

Ebenfalls 145 Blatt enthält der zweite Band »Die Infanterie«, der 1855 beendet wurde. In ihm werden in der gleichen Art und Weise wie im ersten Band die Feldregimenter Nr. 1 bis Nr. 35 (sie trugen den Namen ihres jeweiligen Chefs) vorgestellt. Auch militärische Persönlichkeiten erscheinen wieder als Porträts. Den restlichen Teil der Infanterie sowie die Garnisontruppen, die sieben stehenden (selbständigen) Grenadierbataillone, die vier Landregimenter, die Artillerie, das Ingenieurkorps, das Mineurkorps, das Feldjägerkorps, das adlige Kadettenkorps, das Invalidenkorps, die Adjutanten, die Feldpost und den Unterstab brachte Menzel im dritten Band »Rest der Infanterie,

die besonderen Corps und Chargen, Anhang und Ergänzungen«. Des weiteren enthält dieser Band die Uniformen der zehn in preußische Dienste gezwungenen sächsischen Infanterieregimenter und der preußischen Freikorps sowie wiederum Porträts.

Das berühmte »Armeewerk« erschien nur in 30 Exemplaren, die an den preußischen König, an Angehörige des Hofes und deutscher Fürstenhäuser, an fremde Monarchen sowie an einige Museen und renommierte Kunsthändler gingen. Dieses Werk

Lithographie aus dem Armeewerk, Band I
Gruppe von Husaren in Mänteln, links Husaren-Regiment Nr. 5
und Mitte und rechts Husaren-Regiment Nr. 1

11

sollte – nach den Intentionen der Inspiratoren am Königshofe – vor allem der Glorifizierung der altpreußischen Armee dienen. Ohne Zweifel erfüllte das »Armeewerk« durch die gelungene künstlerische Arbeit diese Absicht, aber es wäre einseitig, darin nur den alleinigen Sinn zu sehen. Menzel erfaßte mit sicherem Blick viele Details und stellte sie in einen historischen Gesamtzusammenhang, der auch das innere Wesen dieser Armee partiell reflektierte und nüchtern die Stellung von Soldaten und Offizieren, den Militäralltag und die Kriege miterfaßte. In diesem übergreifenden Sinne bilden die »Frideriziana« des Künstlers – die Holzschnitte, Zeichnungen und die imposanten Gemälde zu Ereignissen der Herrschaftszeit Friedrichs II. – eine Einheit.

Zwischen 1849 und 1860 schuf Menzel außer den vielen Holzschnitten und Lithographien einige Gemälde zum Leben des preußischen Königs. Für den Militärhistoriker wie für militärgeschichtlich Interessierte hinterlassen das Ölbild »Friedrich der Große und die Seinen im Nachtkampf bei Hochkirch« (1856) und das unvollendete Gemälde »Ansprache Friedrichs an seine Generale vor der Schlacht bei Leuthen« (1858 begonnen) nachhaltigen Eindruck. Der Künstler Menzel verschwieg auf seine Art keineswegs, daß der Krieg Tod, Schmerz, Elend, Verzweiflung und Not be-

Friedrich der Große und die Seinen im Nachtkampf bei Hochkirch (Gemälde von 1856)

Ansprache Friedrichs an seine Generale vor der Schlacht bei Leuthen (Gemälde, 1858 begonnen, nicht vollendet)

deutet. Davon zeugt auch besonders »Hochkirch«. Hier war es im Jahre 1758 dem österreichischen Heer gelungen, die Preußen in den Nachtquartieren zu überraschen und Friedrich II., der Warnungen vor einem möglichen Überfall leichtfertig in den Wind geschlagen hatte, eine schwere Niederlage zuzufügen. Die düsteren Farben der Nacht und die dunklen Soldatenmassen lassen den Betrachter Schrecken und Hoffnungslosigkeit erkennen, was auch durch den König hoch zu Pferd vor dem Feuerschein nicht aufgehoben wird. Mit Licht- und Schattenkompositionen

in anderen Friedrichgemälden zeigte Menzel, wenn auch nicht so konturenhaft scharf wie in vielen Illustrationen, eine differenzierende Sicht auf das preußische Heer; in diesem Sinne war er auch keinesfalls ein einseitiger »Ruhmeskünder Friedrichs des Großen«, wie es auf der Kranzschleife von Kaiser Wilhelm II. für das Grab von Menzel 1905 zu lesen war.

Im folgenden soll mit Rückgriff auf die Geschichte des altpreußischen Heeres bis in die Zeit von 1648 die Beschaffenheit der preußischen Armee Mitte des 18. Jahrhunderts vorgestellt werden.

13

2.
Das Gesicht des preußischen Heeres – Leben unter Zopf und Fuchtel

Friedrich II. übernahm 1740 von seinem Vater, dem »Soldatenkönig« Friedrich Wilhelm I., eine fest organisierte, disziplinierte und für den Kriegseinsatz gedrillte Streitmacht, die zu jener Zeit bereits auf eine Tradition von knapp einem Jahrhundert im Dienste der Hohenzollernpolitik zurückblicken konnte. Das brandenburgisch-preußische Heer hatte seit 1648 sukzessive eine dominierende Stellung im staatlichen und gesellschaftlichen Leben dieses Territorialstaates erlangt und brachte als Aktivposten königlicher Militär- und Außenpolitik ein einsatzbereites, an die Krone gebundenes Offizierskorps, einen gedrillten Mannschaftsbestand sowie eine relativ stabile soziale Struktur und militärische Organisation mit. Als Friedrich Wilhelm I. 1713 den Thron bestieg, wurden Erfordernisse der Rüstung, des Ausbaus der Armee sowie militärische Normen zur Achse der Staatspolitik. Spätestens von diesem Zeitpunkt ab kann von einem Militärstaat in Brandenburg-Preußen gesprochen werden, der die preußisch-deutsche wie auch die Geschichte anderer Länder und Völker mit der Hypothek der Rüstung und des Krieges belastete.

Zunächst ist ein Blick auf die Geschichte der preußischen Armee vor 1740 erforderlich, um Entwicklungslinien und Profil dieser Streitmacht zu erkennen, wie sie auf seine Weise der Künstler Menzel wahrnahm. In dieser Streitmacht hatte der Adel seit Beginn des 18. Jahrhunderts feste Positionen inne: Er stellte die Offiziere und prägte maßgeblich das soziale Antlitz der Führung. Damit nahm diese Schicht unmittelbar an der politischen und militärischen Machtausübung teil; das preußische Offizierskorps unterschied sich zwar nicht prinzipiell von dem anderer Heere dieser Zeit, aber in der preußischen Armee war der Offizier nicht nur militärischer Würdenträger oder formeller Inhaber einer Kompanie bzw. eines Regiments. Er war vielmehr täglicher Drill- und Exerziermeister der Soldaten, eingespannt in den Garnisons- und Felddienst, eingegliedert in eine feste Rangordnung und einer straffen militärischen Subordination unterworfen. So legte das Reglement von 1726 für die Infanterie fest, »daß die Subordination unter den Officiers bey einem Regiment vom General bis zum jüngsten Fähnrich auf das allergenaueste beobachtet werden soll«.

Die Ausübung des Dienstes erfaßte einen großen Teil der Lebenssphäre des Offiziers, er war auch für das Tun und Lassen seiner Untergebenen verantwortlich, er konnte mitbestraft werden, wenn einer seiner Soldaten sich Unregelmäßigkeiten zuschulden kommen ließ. So heißt es in einem »Parolebuch« aus dem Jahre 1781 unter dem Datum des 21. März u. a.: »Wenn künftig ein Kerl im Zuge nicht ordentlich marschiret, so kommt der Commandeur der Compagnie in Arrest, dieweilen solche sorgen müssen, daß ihre Leute dressiret seien.« Bereits Friedrich Wilhelm I. hatte sogenannte Konduitenlisten anlegen lassen, die über das dienstliche und private Leben der Offiziere Auskunft gaben und bei Versetzungen, Beförderungen und anderen Maßnahmen des Dienstes eingesehen wurden. Der Offizier sollte besonders auf seinen »Umgang« achten und »Abstand« wahren!

Zusammengehalten durch einen besonderen Ehrenkodex und ein durch Erziehung teils schon im Kadettenkorps und in den Regimerntern geprägtes exklusives Standesbewußtsein, wurde das Offizierskorps im 18. Jahrhundert zu einer vom Volk wie von den Soldaten sozial abgesonderten Kaste, die eine feste Stütze der Hohenzollern war. Durch einen langjährigen praktischen Dienst erlangte die Masse der Offiziere eine ausgeprägte militärfachliche Perfektion, die sich aber mit Verachtung und Abneigung gegenüber der »Gelehrsamkeit« und dem »Federfuchser« paarte. Das bedeutete zwar nicht, daß Bildung generell keinen Stellenwert besaß – einige Offiziere und Generäle traten als Verfasser militärischer Schriften hervor –, jedoch ihre Zahl war gering, und sie genossen im Heer auch wenig Ansehen, wenn es sich nicht um Generäle handelte, denen Friedrich Wilhelm I. und sein Sohn Sympathien entgegenbrachten.

Im Offizierskorps bildeten sich Normen und Formen eines Korpsgeistes heraus, die solche soldati-

Lithographie aus dem Armeewerk, Band III
Infanterie-Regiment Nr. 36, Offizier, die Schärpe umbindend.
Hinter ihm sein Bursche, der ihm den Uniformrock
(gut sichtbar der rote Futterstoff) zum Anziehen reicht

Geist des Offizierskorps einen langwirkenden Einfluß aus.

Die Mannschaften des preußischen Heeres rekrutierten sich durch Werbungen in anderen Staaten und durch Zwangsaushebungen im eigenen Land. Dabei gingen die Werber mit allen Mitteln des Betruges, mit List, Tücke und physischer Gewalt vor und scheuten keine Versprechungen, um Rekruten für den preußischen Militärdienst zu gewinnen. Das Schicksal des Schweizers Ulrich Bräker, der 1756 unter dem Vorwand, bei einem preußischen Edelmann als Bediensteter Geld und Welt sehen zu können, angeworben wurde, legt davon Zeugnis ab. Die Schilderung Bräkers über seinen Dienst in der preußischen Armee 1756 ist eine der bekanntesten und eindrucksvollsten historischen Quellen zum Soldatenleben unter Friedrich II. Er erfuhr in den wenigen Monaten alle Bitternisse, die Not und auch die kümmerlichen Freuden des Dienstes in einem Berliner Regiment.

Die Werbungen hatten zur Zeit Friedrich Wilhelms I. einen gewissen Höhepunkt erreicht, da dieser König die Streitmacht mehr als seine Vorgänger zahlenmäßig vergrößerte. Allein von 1713 bis 1735 wurden mehr als 12 Millionen Taler für die Werbung im Aus- und Inland ausgegeben. Vor allem in den benachbarten Ländern Sachsen, Hannover und Mecklenburg sowie in den Reichsstädten waren preußische Werbeoffiziere tätig. Im Inland selbst erreichte das Werbeunwesen nach 1713 solche Ausmaße, daß viele jüngere Bürger, Handwerker und Gesellen, Bedienstete sowie Bauern und Knechte über die Grenzen flüchteten, verschiedentlich brachen bei gewaltsamen Aushebungen durch Soldatenkommandos Unruhen in Dörfern und Städten aus. Wiederholt verbot der König das »Pressen« zu den Soldaten, aber in der Praxis änderte sich dadurch kaum etwas: Die Werber wurden nicht oder nur mit sehr geringen Strafen belegt, die betroffenen Einwohner jedoch, die sich zur Wehr gesetzt hatten, »hart angefaßt«.

Schließlich beseitigten die 1733 erlassenen Edikte – zusammengefaßt als Kantonreglement bezeichnet – die individuelle Willkür der Rekrutierungskommandos zugunsten einer organisierten Aushebung im

schen Tugenden wie unbedingten Gehorsam, Treue, vorbehaltloses Dienen u. a. zu grundlegenden Maßstäben für das Verhalten in allen Lebenslagen bestimmten. Die militärischen Erfolge des preußischen Heeres in den Kriegen Friedrichs II. trugen dazu bei, dieses Gedankengut weiter zu profilieren. Insbesondere das »Sich-Behaupten« Preußens im Siebenjährigen Krieg gegen eine »Welt von Feinden« übte auf die Entwicklung des militärischen Denkens und auf den

Landesmaßstab. Jedes Regiment erhielt einen bestimmten Kanton, d. h. Rekrutierungsbezirk, in dem es junge Einwohner in Listen erfassen und im Alter von etwa 18 Jahren ausheben und zum Dienst einziehen konnte. Besondere Kommissionen aus Vertretern des Regiments und der Ortsbehörden regelten Musterungen und Aushebungen, wobei die Militärpersonen das Sagen hatten. Dadurch wurde die inländische Werbung – obgleich es mehr eine Aushebung war – in geordnete Bahnen gebracht. Die Zwangsrekrutierung blieb, aber es gab eine ganze Reihe von Ausnahmen, »Exemtionen« genannt, die aus wirtschaftlichen Gründen eingeführt wurden. Bestimmte Gewerbezweige, Berufe, aber auch Städte und Landesteile waren nicht dem Kantonreglement unterworfen, sie mußten durch Steuern und Dienstleistungen zum Unterhalt der Militärmacht beitragen. Die Kantonpflicht ruhte faktisch auf den ärmeren städtischen und ländlichen Schichten, sie war keine allgemeine Wehrpflicht, sondern ein Mittel der Krone, um im Rahmen der begrenzten ökonomischen Möglichkeiten einen Teil des Menschenpotentials des Landes maximal für militärische Zwecke zu nutzen.

Holzschnitt zu F. Kugler: Rekrutenvereidigung

Wurden Kantonisten eingezogen, dann bedeutete dies nicht, daß diese der Wirtschaft völlig entzogen waren. Nach einer ein- bis zweijährigen Ausbildung konnte der Kantonist künftig für 9 bis 10 Monate im Jahr vom Dienst beurlaubt werden. Er verzichtete auf den Sold, der in die Tasche des Kompaniechefs floß, und ging einem Gewerbe in der Garnison bzw. der Arbeit im Heimatdorf oder auf dem junkerlichen Gut nach und kehrte nur zu den großen Übungen und Manövern – Revuen genannt – zu seinem Truppenteil zurück. Im Ausland geworbene Soldaten konnten gleichfalls in der Garnison unter ähnlichen Bedingungen beurlaubt werden, sie galten als Freiwächter, d.h. vom routinemäßigen Wachdienst befreit. Diese Freistellungen betrafen nicht nur Soldaten, sondern auch Unteroffiziere. Nicht jeder Söldner konnte Freiwächter oder Beurlaubter werden, er mußte vor allem als zuverlässig gelten, d. h. nicht desertionsverdächtig, durfte kein »unsicherer Kantonist« sein.

Charakteristisch war die große Machtstellung des Kompanie-, Regiments- und Garnisonchefs. Der Kompaniechef war nicht allein militärischer Kommandeur, sondern zugleich wirtschaftlicher Unternehmer dergestalt, daß er vom Militärfiskus eine bestimmte Geldsumme jährlich erhielt, mit der er die Kompanie zu versorgen hatte; davon waren Löhnung, Kleidung, Bewaffnung u. a. zu bestreiten. Was er davon einsparen konnte, blieb ihm. Eine feste Kontrolle durch die Militärbehörden gab es nicht; der Kompaniechef mußte nur bei den Revuen nachweisen, daß seine Einheit kampffähig ist. Das System der Kompaniewirtschaft war eine der wichtigsten materiellen Einnahmequellen für die Kompaniechefs, die auf diese Weise jährlich mehr als 2 000 Taler – neben dem Sold – in ihre Taschen stecken konnten. Regimentschefs und Garnisonchefs besaßen meist eine eigene »Leibkompanie«, die von einem Stellvertreter geführt, aber durch den Kommandeur bewirtschaftet wurde. Die exklusive politische und juristische Stellung höherer Offiziere in der Garnison eröffnete zusätzliche Bereicherungsmöglichkeiten: Befreiung von der Kantonpflicht und Trauscheine konnten sie sich bezahlen lassen, was zwar formal verboten war, aber

Lithographie aus dem Armeewerk, Band II
Infanterie-Regiment Nr. 10, Unteroffizier

Kenntnis sehr anschaulich: »Jede Kompagnie hatte ihren Schuster, ihren Schneider, die von dem gewöhnlichen Dienst frei waren und in Kriegsquartieren sowohl als in Lagern und aus Postierungen für ihre Kameraden arbeiteten. Viele Kompagnien hatten ihren eigenen Fleischer, der Vieh einkaufte, schlachtete und für einen billigen Preis verkaufte; andere Soldaten waren Marketender. Die Infanterie hatte ihre Zimmerleute und Büchsenmacher, die Kavallerie ihre Schmiede und Sattler, die Artillerie ihre Wagenmacher. Alle waren Soldaten. Jeder Offizier hatte einen Bedienten, der ein Soldat war, königliche Montierung trug und keine andere Felddienste als mit seinem Herrn tat. Bei jeder Kompagnie befand sich ein Unteroffizier, der den Titel Capitaine d'armes führte und sowohl für Gewehr als für Montierungsstücke sorgen mußte; desgleichen ein Fourier, der für Proviant und Fourage sorgte und das Lager absteckte. Der Fourier hatte bei dieser letztern Arbeit zwei Gehilfen, die Fourierschützen genannt wurden und auch Soldaten waren. Man rief sie auf Marsch vor, wenn der Lagerplatz gewählt war; oft auch machten sie eine Art von Avantgarde. Als Soldaten brauchten sie keine Bedeckung, sondern sie gingen vielmehr selbst auf den Feind los, wenn er ihr Lagerabmessen hindern wollte.« In anderen Heeren dieser Zeit gab es eine solche Rationalität militärischer Arbeits- und Dienstfunktionen nicht oder nur partiell, viele Dienstleistungen oblagen zivilen Handwerkern und Händlern.

Grauen und Abscheu riefen vor allem bei den gebildeten bürgerlichen Schichten die barbarischen Strafen hervor, die es für die Soldaten in fast allen Armeen des 18. Jahrhunderts gab, die aber in Preußen in Verbindung mit der Allgegenwärtigkeit des Militärs als besonders drastisch und entehrend empfunden wurden. Dieses Strafsystem stand mit der sozialen Struktur des Mannschaftsbestandes in einem ursächlichen Zusammenhang. Durch die Zwangsrekrutierungen galt der Solddienst bei den davon betroffenen Schichten als Unglück und Schande, dem man sich durch Landflucht oder durch Desertion zu entziehen suchte. Gegen die Fahnenflucht wurden schwere Strafen verhängt, in der Regel das berüchtigte Gas-

praktiziert wurde, hinzu kamen Zahlungen aus der zivilen städtischen Kasse für den Zuschlag militärischer Dienstleistungen sowie andere Bestechungsgelder, mit denen sich reichere Bürger gewisse Vorteile zu sichern suchten.

Dieses eigentümliche Beziehungssystem wirkte unmittelbar in die Armee dergestalt, daß die Truppen in vielen inneren Versorgungsaufgaben weitgehend selbständig, gewissermaßen autark waren. Johann Wilhelm von Archenholz, selbst Offizier in der friderizianischen Armee, beschrieb dies später aus eigener

sen- oder Spießrutenlaufen. Bei dieser Strafe mußte der Delinquent mit nacktem Oberkörper eine Gasse von Soldaten durchlaufen, meist mehr als 100 Mann, die mit Haselruten auf ihn einschlugen. Ein Sergeant schritt vor ihm her, das Kurzgewehr – eine Pike – auf die Brust des Verurteilten gerichtet, um zu verhindern, daß der Gestrafte zu schnell lief. Hinter den Reihen der Soldaten paßten Unteroffiziere mit Stökken auf, daß auch kräftig auf den Verurteilten eingeschlagen wurde. Trommler und Pfeifer spielten die ganze Zeit über Weisen, um die Schreie des Mißhandelten zu übertönen. Je nach der Strafe mußte der Soldat eine solche Gasse zehn- bis dreißigmal durchlaufen, manchmal auch verteilt auf mehrere Tage. Nicht selten endete ein solcher Strafvollzug mit dem Tode. Da aber der langjährig gedrillte Söldner ein »wertvolles Rädchen« in der absolutistischen Streitmacht war, achtete man meist darauf, daß er überlebte, damit er später wieder eingesetzt werden konnte. Diese Strafe sollte abschreckend auf alle Desertionsgelüste wirken.

Neben dem Spießrutenlaufen sahen die Kriegsartikel noch Haft- und Arreststrafen, Anketten, Krummschließen (Beine und Arme wurden über kreuz zusammengebunden) und »Eselsreiten« vor; bei letzterem mußte der Delinquent stundenlang auf einem scharfrückigem Holzpferd sitzen. Auf Vergehen gegen Offiziere im Dienst stand »Arkebusieren«, d. h. Tod durch Erschießen. »Heute war Execution im Thiergarten. Ein Grenadier vom Regiment Ramin wurde arquebusiret,« so heißt es in einem überlieferten Parolebrief der Berliner Garnison unter dem Datum vom 18. Juni 1781, »weil er beim Exercieren nach dem Lieutenant von Kottwitz desselben Regiments geschlagen«. Die Tötung eines Kameraden wurde mit der Hinrichtung durch das Schwert bestraft, diese Todesart stand auch auf Hochverrat, Zusammenrottung, Notzucht, Ehebruch und Bigamie. Ehrlos entlassenen Soldaten brannte man ein »S« in die Hand, sie »... sollen noch einige Tage sitzen bleiben, damit sie es nicht können wieder ausmachen und sich in der Armee wieder anwerben lassen«.

Die abschreckende Wirkung der Strafen sollte da-

Holzschnitt zu F. Kugler: Infanteristen des I. Bataillons Garde beim Laden ihrer Gewehre

durch erhöht werden, daß man sie vor den Augen der Öffentlichkeit vollzog. Dieser Militärgerichtsbarkeit waren auch Frauen der Soldaten sowie die Beurlaubten und Freiwächter unterworfen. Sie war damit ein zusätzliches Mittel, das militärische Zwangssystem auf das zivile Leben auszuweiten. Zusammen mit dem Drill, dem Exerzieren, den Wachdiensten und Märschen, der permanenten Kontrolle und Beaufsichtigung durch die Offiziere und Unteroffiziere verfolgten alle Strafen ein Ziel: den Soldaten zu einem willfährigen Instrument zu machen. Deshalb galt auch das preußische Heer unter den herrschenden Kreisen anderer Länder als das Ideal eines stehenden Heeres, weil in ihm das System, jede Spur von Selbstbewußtsein in dem Soldaten auszurotten, am raffiniertesten ausgebildet war. Die Wurzeln dafür lagen letzten Endes in den wirtschaftlichen und sozialen Verhältnissen und in den Existenzbedingungen des absolutistischen Militärstaates. Im stehenden Heer widerspiegelten sich gewissermaßen die Herrschaftsverhältnisse, die auch die Lage der bäuerlichen Bevölkerung gegenüber den adligen Gutsherren bestimmten. Auf dem Rittergut wie in der Kompanie bestimmte der Gutsherr über Leben und Tod seiner Untertanen, hier wie dort regierte der Stock, mußte der Bauer Fron- bzw. Kriegsdienste leisten, war er harten Strafen unterworfen und rechtlos.

Trotzdem unterschied sich das Soldatenleben natürlich in manchem vom Arbeitsleben auf dem Lande und in den Städten. Der preußische Soldat erhielt pünktlich seinen Sold. Nach Abzug von Gemeinkosten waren dies 2 Taler im Monat, verteilt auf die sechsmalige Ratenzahlung zu 8 Groschen. Ein solcher Modus wurde deshalb angewandt, weil man fürchtete, daß der Soldat seinen Sold in wenigen Tagen ausgeben würde und dann »auf Pump« leben müßte. Der Sold reichte mehr schlecht als recht. Ulrich Bräker schrieb dazu in seinen Erinnerungen, hier in einem Dialog mit seinem Kompaniekameraden Cran: »Und der Menage wegen, nur fein aufmerksam zusehen, wie's die anderen machen. Da heben's drei, vier bis fünf miteinander an, kaufen Dinkel, Erbsen, Erdbirn u. dgl. und kochen selbst. Des Morgens um een Dreier Fusel und een Stück Kommißbrot, mittags holen sie in der Garküche um een Dreier Suppe und nehmen wieder een Stück Kommißbrot, des Abends um zwei Pfennig Kovent oder Dünnbier und abermals Kommiß. Aber das ist, beim Strehl, ein verdammtes Leben, versetzte ich, und er: Ja! So kommt man aus und anders nicht. Ein Soldat muß das lernen; denn er braucht noch viel andre War: Kreide, Puder, Schuwar, Öl, Schmirgel, Seife und was der hundert Sachen mehr sind. Ich: Und das muß einer alles aus den 6 Groschen bezahlen? Er: Ja! und noch viel mehr, wie z.B. den Lohn für die Wäsche, für das Gewehrputzen usf., wenn er solche Dinge nicht selber kann«. Viele Soldaten waren daher auf Nebenarbeiten nach dem Dienst angewiesen, wofür die größeren Garnisonsorte manche Möglichkeiten boten. Dazu weiter Bräker über seine Eindrücke aus dem Berlin des Jahres 1756: »Die erste Woche indessen hatte ich noch Vakanz, ging in der Stadt herum auf alle Exerzierplätze. Dann spazierte ich etwa an der Spree und sah da hundert Soldatenhände sich mit Aus- und Einladen der Kaufmannswaren beschäftigen oder auf die Zimmerplätze, da steckte wieder alles voll arbeitender Kriegsmänner. Ein andermal in die Kasernen usf. Da fand ich überall auch dergleichen, die hunderterlei Hantierungen trieben – von Kunstwerken an bis zum Spinnrocken. Kam ich auf die Hauptwache, so

gab's da deren, die spielten, soffen und hasilierten; andre, welche ruhig ihr Pfeifchen schmauchten und dikurierten; etwa auch einer, der in einem erbaulichen Buche las und's den andern erklärte. In den Garküchen und Bierbrauerrein ging's ebenso her. Kurz, in Berlin hat's unter dem Militär … Leute aus allen vier Weltteilen, von allen Nationen und Religionen, von allen Charakteren und von jedem Berufe, womit einer noch nebenzu sein Stücklein Brot gewinnen kann … Gibt's doch hier (und damit schläferte ich mich immer ein) selbst unter den gemeinen Solda-

Lithographie aus dem Armeewerk, Band I
Dragoner-Regiment Nr. 5, Dragoner (im Kamisol)

ten ganze Leute, die ihre hübschen Kapitalien haben, Wirtschaft, Kaufmannschaft treiben usf. Aber dann erwog ich nicht, daß man vorzeiten ganz andere Handgelder gekriegt als heutzutage, daß dergleichen Bursche bisweilen ein Namhaftes mochten erheuratet haben u. dgl.; besonder aber, daß sie ganz gewiß mit dem Schilling gut hausgehalten und nur darum den Gulden gewinnen konnten, ich hingegen weder mit dem Schilling noch mit dem Gulden umzugehen wisse.«

Aus den erwähnten überlieferten Parolebüchern ist zu sehen, daß die wirtschaftliche und soziale Lage der Soldaten doch recht differenziert war. Die große Mehrzahl der Soldaten, die nicht Freiwächter oder Beurlaubte waren, konnte sich mit Mühe und Not »über Wasser« halten, ihre Situation wurde etwas besser, wenn sie nach dem Dienst eine Nebenbeschäftigung fanden oder – sofern sie verheiratet waren – die Frauen als Wäscherinnen, Hökerinnen u. ä. zum Haushalt zuverdienten. Nur ein kleiner Teil der Soldaten hatte ein bescheidenes, regelmäßiges Auskommen, vor allem dann, wenn sie sich gegen den Widerstand der Zünfte in einem Gewerbezweig etabliert hatten. Aber auch da gab es Schwierigkeiten. In einem der Parolebücher ist unter dem 1. Juli 1780 verzeichnet: »Das Schuster-Gewerk hat wieder Klage geführt, daß so viele Soldaten ihre Profession als Meister betreiben und noch dazu Gesellen halten, solches soll ihnen ernstlich verboten werden.« Und am 22. Februar 1783 wird notiert, daß sich das Posamentiergewerbe unmittelbar an den König gewendet hat, daß so viele Soldaten »pfuscherten«.

Es gibt auch Eintragungen dergestalt – allerdings aus der Zeit vor dem Siebenjährigen Krieg –, daß die Soldaten »so Spinnereien haben, sollen die Leute nicht so sklavisch halten und sie des Nachts anschließen«. Jedoch dürften dies Ausnahmefälle gewesen sein, das Typische und die Regel war, daß sich die Freiwächter in stetem Streit mit den Meistern durchschlugen und Entbehrungen erlitten. Darüber berichtet Friedrich von Kloeden rückblickend: »Dieses Los traf auch meinen Vater, er wurde Freiwächter und konnte nun sehen, ob er von der Luft leben ver-

möchte. Die Unteroffiziere waren dabei viel schlimmer dran als die gemeinen Soldaten; letztere konnten sich ja durch Handarbeiten als Packträger, Handlanger, Schuhputzer, Kleiderreiniger, Helfer beim Wäscherollen und auf mancherlei Weise Nebenverdienst verschaffen; denn zu allen diesen Verrichtungen nahm man damals Soldaten an; der Unteroffizier aber durfte dergleichen nicht tun ….«

Beurlaubte und Freiwächter waren auf das Mitverdienen ihrer Frauen angewiesen. Soldaten, vor allem Geworbene aus dem Ausland, erhielten rasch eine Heiratserlaubnis, weil der Regimentschef nicht zu Unrecht annahm, daß eine Bindung an Frau und Kinder der Fahnenflucht entgegenwirke; in gewissem Sinne hatte sich dieser Soldat auf die Dauer mit der Armee arrangiert. Verglichen mit dem harten Arbeitsleben der untertänigen Bevölkerung, den Gutsknechten, Tagelöhnern und den Armen in den Städten, bedeutete das Soldatenleben im 18. Jahrhundert kaum eine tiefere Stufe von Not und Entrechtung. Allerdings standen das dienstliche und private Leben der Soldaten in den Garnisonen etwas stärker im Lichte der Öffentlichkeit als das der auf Feldern und Höfen des weiten Landes geschundenen und geprügelten Knechte der Gutsherren.

Die Soldaten wohnten im 18. Jahrhundert zumeist in Bürgerquartieren, Kasernen entstanden erst nach dem Siebenjährigen Krieg und spielten für die Einquartierung noch eine untergeordnete Rolle. Das Zusammenleben der Soldaten einschließlich der Frauen und Kinder mit den Bürgern warf viele Probleme auf und belastete das ohnehin gespannte Verhältnis zwischen Volk und Armee noch weiter. Georg Liebe schildert dieses Leben: »Damit nicht genug, mußte der Bürger bei dem fast durchgängigen Mangel an Kasernen noch die Last der Einquartierung tragen und in seine Häuser eine Soldateska aufnehmen, die sich großen Teils aus der Hefe der Gesellschaft zusammensetzte … Zwar die Leistungen des Quartierwirts waren mit dem Aufhören der Naturalverpflegung genau vorgeschrieben, aber nahe genug lag die Versuchung, durch Erpressungen mehr herauszuschlagen, besonders da gestattet war, die lästigen Gä-

Holzschnitt zu den Werken (»Geschichte meiner Zeit«): Begräbnis auf dem Schlachtfelde (Kesselsdorf)

ste gegen eine Geldentschädigung auszuquartieren. Die Soldaten, zumal die mit Familie behafteten, traten als Herren im Hause auf, ihre Gefährtinnen – keineswegs immer im Besitz eines ordnungsmäßigen Trauscheins – benutzten das Hausgerät, kochten und

wuschen für andere, und ein Hallischer Bürger beklagte sich, daß er das Kind seines Soldaten wiegen mußte und Schläge bekam, wenn es schrie.« Solche Belastungen wurden ergänzt durch andere Dienstleistungen für die Armee wie Kontributionen, Lieferungen für die Garnison und durchziehende Truppen, Spanndienste und Arbeitsverpflichtungen beim Festungsbau. Zwar wurden dafür Vergütungen gezahlt, aber diese waren gering; die Gebiete, die kantonfrei waren bzw. keine Garnisonen hatten, mußten für diese Freiheiten besondere Gelder zahlen, so das abgelegene Ostfriesland jährlich 16 000 Taler für die königliche Rekrutenkasse.

Auf diese Weise gelang es der Krone, bereits in Friedenszeiten ein zahlenmäßig starkes Heer aufzubauen und dabei auch – im Unterschied zu anderen Staaten – auf ausländische Subsidienzahlungen zu verzichten. Nur in Kriegszeiten wurde das Subsidienverhältnis erneuert, so 1741 mit Frankreich und 1756 mit Großbritannien. Als Gegenleistung war die Armee zunächst im Österreichischen Erbfolgekrieg (1741–1748) der militärische Verbündete Frankreichs und im Siebenjährigen Krieg (1756–1763) der Festlandsdegen der englischen Krone.

Angesichts der politischen und sozialen Struktur der Streitmacht erhebt sich die Frage, wie dieses Heer in den Kriegen Friedrichs II. gegen das Haus Habsburg und gegen die Koalition Österreich – Rußland – Frankreich sich behaupten und eine Reihe von Siegen an seine Fahnen heften konnte. Bekanntlich übten diese Kriege und Schlachten auf Zeitgenossen, aber auch auf Gelehrte, Künstler und Dichter späterer Zeit Eindruck und eine eigentümliche Faszination aus. Die Ursachen der militärischen Siege sind wohl nicht primär in besonderen »Tugenden des preußischen Soldaten und Offiziers« und in der Genialität König Friedrichs II. zu suchen, sie liegen vielmehr in einer Perfektionierung des preußischen Militärwesens, in außen- und militärpolitischen Konstellationen und auch in der Rolle Friedrichs II. als »roi-connétable« begründet. Auf diesen Faktor hat vor allem Carl von Clausewitz in seinem Werk »Vom Kriege« wiederholt hingewiesen. Auch für Menzels Bild der Armee Friedrichs II. ist dieses Kriterium relevant.

3.
Die Truppen der preußischen Armee – Dienst und Drill

Die preußische Armee, 1740 von Friedrich II. übernommen, verfügte nur über geringe Kampferfahrungen. Lediglich ein 10 000 Mann starkes Hilfskorps hatte 1734/35 auf österreichischer Seite am Polnischen Erbfolgekrieg teilgenommen und am Oberrhein gegen die Franzosen gefochten. Thronfolger Friedrich hatte hier die vom Prinzen Eugen geführten kaiserlichen Truppen in Aktion gesehen – und war enttäuscht von den schleppenden militärischen Aktivitäten des berühmten Feldherrn, der vielen politisch-diplomatischen Rücksichten Rechnung tragen mußte. Dafür war das preußische Heer in den Friedensjahren nach 1715 eifrig auf Exerzierplätzen gedrillt worden, namentlich Fürst Leopold von Anhalt-Dessau, der »Alte Dessauer«, hatte daran einen maßgeblichen Anteil.

Zwischen 1713 und 1740 war die zahlenmäßige Stärke des Heeres von 38 447 Mann auf 76 278 Köpfe angewachsen; die reale Kampfstärke war, da in Kriegen nicht erprobt, vielen Zeitgenossen unbekannt, manche Kritiker Preußens sprachen vom »preußischen Wind« oder gebrauchten die Wendung, daß »die Preußen nicht so schnell schießen«. Friedrich Wilhelm I. hatte bei aller Protektion der Armee und der Rüstung gezögert, dieses teure Instrument dem wenig wägbaren Risiko von Kriegen und Schlachten auszusetzen und in seinem Testament den Thronfolger auch davor gewarnt, Kriege leichtfertig auszulösen. Diese »Friedbereitschaft« wurzelte in einem realen Blick für die politische und militärische Machtkonstellation in Europa, die einem preußischen Angriff wenig Erfolgsaussichten einräumte. Aber es wurde damals das Schwert geschmiedet, mit dem der Sohn und künftige König Friedrich zu gegebener Zeit zuschlagen konnte.

Hauptwaffengattung des Heeres war – wie in den Armeen anderer europäischer Länder jener Zeit – die Infanterie, die als »Königin des Schlachtfeldes« galt. 1740 verfügte Friedrich II. neben der neugeschaffenen

Leopold regier. Fürst von Anhalt-Dessau (gen: der alte Dessauer) K. u. Pr. Gen. Feldmarschall und Chef des Infant.-Regiments N=3. Geb. 1676, gest. 1747. Nach dem grossen Bildnisse von A. Pesne im Herzogl. Schlosse zu Dessau. — Als auffallende Abweichungen vom Vorschrifts- mässigen zeigen sich: der Schnurrbart, die lose Haartracht, offne Weste, und die Farbe der Bein- Kleider; Licenzen, welche wohl nur ihm zugestanden blieben.

Lithographie aus dem Armeewerk, Band II
Leopold von Anhalt-Dessau

Garde über 33 Infanterieregimenter, deren Zahl sich bis 1756 auf 49 sowie mehrere Garnisonregimenter und selbständige Bataillone erhöhte; ihre zahlenmäßige Stärke betrug Ende 1740 knapp 59 000 Mann – das waren fast 75 Prozent der Heeresstärke –, Ende 1755 über 84 000, Ende 1763 über 111 000 und 1786 beim Tode des Königs über 145 000 Mann. Zu Recht erfaßt Menzel dieses Profil der Armee durch seine Darstellungen von Infanterie in der Schlacht und in der Ausbildung.

Die Infanterie gliederte sich organisatorisch und verwaltungsmäßig in Kompanien und Regimenter, nach der taktischen Verwendung aber in Bataillone, die sich ihrerseits in Pelotons (Züge) teilten. Die Kampfstärke der Infanterie wurde an der Zahl der Bataillone gemessen. Im allgemeinen bildeten zwei Bataillone (in Ausnahmefällen wie z. B. bei der Garde drei Bataillone) ein Regiment. Die Sollstärke eines Infanterieregiments betrug nach dem Reglement von 1743 50 Offiziere, 118 Unteroffiziere, 252 Grenadiere (einschließlich 12 Zimmerleute), 1140 Musketiere und 37 Tambours; zum Unterstab eines Regiments zählten 1 Regimentstambour, 6 Hautboisten, 6 Pfeifer, 1 Regimentsfeldscher, 12 Kompaniefeldschere, 1 Feldprediger, 1 Auditeur, 1 Profoß, 1 Büchsenmacher, 1 Büchsenschäfter und 1 Regimentsquartiermeister. Jedes Regiment bestand aus 2 gleichstarken Bataillonen, jedes Bataillon aus einer Grenadier- und 5 Musketierkompanien. Die zahlenmäßige Stärke einer solchen Grenadier- resp. Musketierkompanie belief sich auf 145 bzw. 132 Mann. Hinzu kam eine kleine Zahl von sog. Überkompletten, Soldaten, die in der Kompanie ohne Gewehr marschierten, sie traten bei Ausfall eines Mannes an seine Stelle.

Die Truppengattungen der Infanterie zur Zeit König Friedrichs II. waren: die Grenadiere, die Musketiere, die Füsiliere, hinzu kamen noch das Feldjägerkorps zu Fuß, Garnisontruppen, Freibataillone und – kurzzeitig – Milizeinheiten. Grenadiere gab es in vielen Heeren seit dem 17. Jahrhundert; das waren Soldaten, die mit Pulver gefüllte Kugeln aus Glas oder Gußeisen mit Luntenzündung in Richtung Gegner warfen. Sie standen mit an vorderen Stellen der Gefechtsordnung und entwickelten sich zu einer Elitetruppe. In der preußischen Armee wurden die Grenadierkompanien aus kampferprobten Musketieren formiert, ihr auffälliges Bekleidungsstück war die hohe messingbeschlagene Mütze; für die Schlacht wurden zumeist die 2 Grenadierkompanien eines Regiments mit den Grenadierkompanien eines anderen vereinigt und so ein etwa 700 Mann zählendes Grenadierbataillon formiert.

Die Masse der Infanterie befand sich in den Musketierkompanien. Ihr Name kam von der Hauptwaffe

Lithographie aus dem Armeewerk, Band III Grenadier-Bataillon Nr. 4, Offizier und Grenadier

des Infanteristen, der Muskete, die zunächst ein Luntenschloß, im 18. Jahrhundert aber durchgehend das sicherere Steinschloß hatte. Der Musketier trug auf den Märschen Ausrüstung und Waffen im Gewicht von über 20 Kilogramm mit sich. Ulrich Bräker, der in eine Musketierkompanie eingereiht worden war, beschreibt den Auszug seines Regiments im August 1756 aus Berlin: »Itzt wurde Marsch geschlagen, Trä-

nen von Bürgern, Soldatenweibern, Huren u. dgl. flossen zu Haufen. Auch die Kriegsleute selber, die Landeskinder nämlich, welche Weiber und Kinder zurückließen, waren ganz niedergeschlagen, voll Wehmut und Kummers; die Fremden hingegen jauchzten heimlich vor Freuden und riefen: Endlich, Gottlob, ist unsre Erlösung da! Jeder war gebündelt wie ein Esel, erst mit einem Degengurt umschnallt,

24

dann die Patronentasche über die Schulter mit einem fünf Zoll langen Riemen, über die andre Achsel der Tornister mit Wäsche usf. bepackt, item der Habersack mit Brot und andrer Fourage gestopft. Hiernächst mußte jeder noch ein Stück Feldgerät tragen: Flasche, Kessel, Haken oder so was, alles an Riemen, dann erst noch eine Flinte, auch an einem solchen. So waren wir alle fünfmal übereinander kreuzweis über die Brust geschlossen, daß anfangs jeder glaubte, unter solcher Last ersticken zu müssen.«

Füsiliere waren eine Art leichte Infanterie, die aber in geschlossener Ordnung wie die Grenadiere und Musketiere eingesetzt wurden. Sie rekrutierten sich aus Dienstpflichtigen und Geworbenen der nach 1740 eroberten Gebiete. Zu den Füsilieren kamen die Rekruten, die von der körperlichen Statur kleiner und nicht so kräftig waren wie die Musketiere oder Grenadiere. Friedrich II. sah in ihnen Infanteristen, die nicht so zuverlässig kämpfen würden wie die Kantonisten aus Pommern, der Mark Brandenburg und den magdeburgisch-halberstädtischen Gebieten, die an der Spitze der militärischen Wertskala des Königs standen (in Berlin Geworbene standen ganz am Schluß!). Während der Schlesischen Kriege bewährten sich die Füsilierregimenter aber durchaus, in der Regel bildeten sie das 2. Treffen der Schlachtordnung.

Das Feldjägerkorps zu Fuß war eine besondere Truppe, die sich aus königlichen Förstern und Wildhütern ergänzte und für Aufklärung, Erkundung, Sicherung und gelegentlich zur Nachrichtenübermittlung verwendet wurde. 1744 in Kompaniestärke errichtet, wuchs das Korps bis 1785 auf ein Regiment zu 10 Kompanien mit etwa 1200 Mann an. Die Feldjäger handelten in aufgelöster Ordnung, denn bei ihnen bestand kaum die Gefahr der Fahnenflucht, hatten sie doch sichere Aussicht auf spätere Anstellung oder Avancement im königlichen Dienst. Auch waren die Feldjäger im Unterschied zu den anderen Infanteristen mit einer Büchse mit gezogenem Lauf bewaffnet, sie schossen zielsicherer, aber langsamer, da das Laden kraft- und zeitaufwendig war. Zumeist hatten sie sich als Einzelkämpfer gegen die leichte Infanterie oder Reiterei der Österreicher zu bewähren.

Zu den Garnisontruppen kamen Soldaten, die die Mindestgröße von 165 cm nicht erreichten bzw. äußerlich als wenig feldtauglich erschienen. Aufgabe dieser Regimenter war es, die Festungen zu verteidigen. Friedrich II. fand 1740 4 Garnisonbataillone vor, deren Zahl sich bis 1786 auf 12 erhöhte. Ein relativ hoher Anteil an Invaliden und begrenzt Diensttauglichen sowohl bei den Mannschaften wie bei den Offizieren – die manchmal auch als Strafe von einem Feld- zu einem Garnisonbataillon versetzt wurden – machte die Verteidigung von Festungen zu einem

Lithographie aus dem Armeewerk, Band III
Invaliden-Corps

25

Risiko. Während des Siebenjährigen Krieges, als der Soldatenmangel immer spürbarer wurde, stellte Friedrich II. noch sog. Neue Garnisonregimenter, auch Landregimenter genannt, auf, deren Kampfwert unter dem der anderen Garnisonregimenter lag. Zumeist waren es Dorf- und Stadtbewohner, die aufgegriffen und zu Einheiten formiert wurden, ohne entsprechende Ausbildung und Bewaffnung.

Die Miliz als Aufgebot zur Landesverteidigung war von Friedrich Wilhelm I. 1713 verpönt und abgeschafft worden. 1757 griff aber Friedrich II. wieder auf eine ähnliche Einrichtung zurück, als von Osten die Russen und von Westen die Franzosen das Land bedrohten. Die neuen Milizkompanien in Ostpreußen, der Neu- und Kurmark, in Pommern und westlich der Elbe waren nicht für die Feldschlacht bestimmt, sie hatten vielmehr die Wehrfähigen in den Provinzen zu erfassen, provisorisch auszubilden und der Feldarmee zuzuführen. Sie waren ein Notbehelf, um die Verluste des Feldheeres nach den Schlachten bei Prag, Kolin und Groß Jägersdorf wenigstens zum Teil zu ersetzen und wehrfähige Landeseinwohner dem Zugriff des Gegners zu entziehen. Insgesamt zählten sie 1757/58 etwa 17 000 Mann.

Die Freibataillone waren eine der interessantesten Erscheinungen im preußischen Heer. Die Feldzüge 1740/42 und 1744/45 gegen Österreich hatten der preußischen Führung drastisch das Fehlen einer leichten Infanterie vor Augen geführt. Deshalb suchte Friedrich II. nach Beginn des Siebenjährigen Krieges aus Abenteuerlustigen, Deserteuren aus fremden Heeren, Glücksrittern und Beutegierigen eine solche leichte Infanterie in Gestalt der Freibataillone zu schaffen – Freibataillon deshalb, weil diese Einheiten außerhalb der Schlachtordnung der Truppen kämpften. Die Durchsetzung einer festen Disziplin bereitete den Kommandeuren und Offizieren, unter denen es Strafversetzte und viele Ausländer gab, erhebliche Schwierigkeiten. Der König bezeichnete diese Truppen selbst als »exekrables Geschmeiß«. Die Freibataillone führten den sogenannten kleinen Krieg gegen feindliche Posten, Verbindungslinien und Lager, unternahmen weite Plünderungszüge, erreichten aber nicht die

Kampfkraft und den inneren Zusammenhalt wie die österreichischen Panduren und Kroaten von der Militärgrenze, als deren Widerpart sie sich betrachteten. Unter den Offizieren gab es einige, die in der leichten Infanterie und im kleinen Krieg neue Dimensionen der erstarrten Kriegskunst sahen, so etwa Karl Theophil Guichard und Johann Jakob von Wunsch; die Masse der Offiziere und die Mannschaften erblickten im Dienst nur Beute- und Raubmöglichkeiten. 1763 ließ der König alle Freibataillone in die Festungen Wesel und Magdeburg abrücken, dort entwaffnen und auflösen, ein Teil wurde zu den Linientruppen versetzt. Einer der entlassenen Offiziere war Lessings Literaturgestalt Major von Tellheim, der den Freidragonern des Friedrich Wilhelm von Kleist (genannt der Grüne Kleist) zugeordnet werden könnte.

Die preußische Infanterie zeigte keineswegs ein monolithes Gesicht. Wenn sie als die »klassische Infanterie des 18. Jahrhunderts« galt, so hatte man dabei vor allem den hohen Stand der Ausbildung und Gefechtsbereitschaft sowie ihre Taktik im Auge. Schwenk- und Marschübungen, das Vorrücken der Bataillone und das Feuer der Pelotons wurden auf den Exerzierplätzen gedrillt. Dem ging eine Einzelausbildung der Rekruten voran. Das Reglement von 1743 wiederholte Festlegungen der Vorschrift von 1726 über die Formen der Ausbildung. Dort hieß es u. a.: »Damit ein neuer Kerl nicht gleich am Anfang verdrießlich und furchtsam gemacht werde, sondern Lust und Liebe zum Dienst bekommen möge, alles durch gültige Vorstellungen, ohne Schelte und Schmähungen gelernet werden soll. Auch muß der neue Kerl mit Exerzieren nicht auf einmal so stark angegriffen, viel weniger mit Schlägen traktiret werden.« Die Praxis sah jedoch nach weitgehend übereinstimmenden Aussagen der Zeitgenossen anders aus, auch der Künstler Daniel Chodowiecki gestaltete in erster Linie den prügelnden Korporal und den geprügelten Rekruten. Das Gefechtsexerzieren hatte schnell, »a tempo«, zu erfolgen. »Man muß in der gantzen Chargierung stille seyn«, schrieb das Reglement weiter vor, »nicht plaudern, spucken oder sich rühren, auch müssen alle Kerls, sobald das Bataillon,

Peloton oder Division geladen und das Gewehr auf der Schulter hat, den Kopf und die Augen gleich nach der rechten Hand heben, das Gewehr wohl tragen, sich in Rotten und Gliedern richten, und mit der Hand nicht in der Tasche oder das Gewehr fassen, sondern unbeweglich stille stehen, wie in den Handgriffen.«

Dieser Drill ergab sich aus bestimmten Erfordernissen der Handhabung der Steinschloßgewehre und der Bewegungen in den Rotten und Gliedern, aber in der Regel überschritt er das Maß des militärisch Notwendigen und richtete sich darauf, den Willen des Söldners so zu formen, daß er gleichsam als fügsames Rädchen in der großen Maschinerie der Gefechtsordnung sich bewegte und den Stock des Korporals und Offiziers mehr fürchten lernte als die feindliche Kugel. Auch hier sei wieder auf Ulrich Bräker verwiesen, der auf den Exerzierplätzen Berlins gedrillt wurde: »Auch da war des Fluchens und Karbatschens von prügelsüchtigen Jünkerlins und hinwieder des Lamentierens der Geprügelten kein Ende. Wir selber zwar waren immer von den ersten auf der Stelle und tummelten uns wacker. Aber es tat uns nicht minder in der Seele weh, andre um jeder Kleinigkeit willen so unbarmherzig behandelt und uns selber so jahrein, jahraus kujoniert zu sehn; oft ganzer fünf Stunden lang in unsrer Montur eingeschnürt wie geschraubt stehn, in die Kreuz und Quere pfahlgerad marschieren und ununterbrochen blitzschnelle Handgriffe machen zu müssen, und das alles auf Geheiß eines Offiziers, der mit einem furiosen Gesicht und aufgehobnem Stock vor uns stund und alle Augenblick wie unter Kabisköpfe dreinzuhaun drohete … Und kamen wir dann todmüde ins Quartier, so ging's schon wieder über Hals und Kopf, unsre Wäsche zurechtzumachen und jedes Fleckchen auszumustern, denn bis auf den blauen Rock war unsre ganze Uniform weiß. Gewehr, Patronentasche, Kuppel, jeder Knopf an der Montur, alles mußte spiegelblank geputzt sein. Zeigte sich an einem dieser Stücke die geringste Untat, oder stand ein Haar in der Frisur nicht recht, so war, wenn er auf den Platz kam, die erste Begrüßung eine derbe Tracht Prügel.«

Holzschnitt zu F. Kugler: Infanterie erwartet mit dem ersten Glied kniend und mit dem zweiten feuernd einen Kavallerieangriff

Das Ergebnis dieser Ausbildung war ein Soldat, der sich in seiner Rotte sicher bewegte und dabei im Durchschnitt 2 bis 3 Schuß in der Minute abgeben konnte. Jedoch war die Feuerausbildung nicht auf die Fertigkeit des Einzelschützen orientiert, sondern auf die geschlossene Salve eines Pelotons. Beim Üben wie auf dem Schlachtfeld stand die Infanterie 3 Glieder tief, Bataillon neben Bataillon, jedes Bataillon eingeteilt in 8 Pelotons, zwischen den Pelotons und hinter der Front die Offiziere und Unteroffiziere, die auf die Einhaltung der Gefechtsordnung zu achten hatten. Das Feuer wurde pelotonweise geführt. Dazu traten die Soldaten des ersten Gliedes drei Schritt vor und fielen auf das rechte Knie, das zweite Glied trat mit einem halben Schritt nach rechts dicht heran, das dritte mit einem Schritt rechts in die Lücke. So behinderten sich die Infanteristen nicht beim Feuern der Salve. Das Vorrücken resp. das Zurückgehen bei abwechselnder Schußabgabe und dem Einhalten der Linie im Rahmen des Bataillons war nicht einfach, es erforderte eine lange Ausbildung und Übung.

In größerem Rahmen erprobten die Infanterietruppen das Vorgehen und Feuern in jährlichen Revuen, bei denen sich der König häufig persönlich vom Ausbildungsstand überzeugte. Das erste größere Manöver dieser Art fand 1753 bei Spandau statt, wobei Husarenpatrouillen das Gelände absicherten, um Zuschauer – Friedrich II. dachte vor allem an Offiziere fremder Armeen – abzuhalten. Dabei wurden in gewissem Umfange bereits Erfahrungen der Schlesischen Kriege berücksichtigt, und vor allem wurde den taktischen Bewegungen der Pelotons und Bataillone große Aufmerksamkeit zugewandt. Verschiedentlich nutzte Friedrich der Große Revuen bei Spandau und Potsdam auch dazu, Offiziere von entfernten Regimentern und Garnisonen mit taktischen Neuerungen bekannt zu machen.

Zweitstärkste Waffengattung des preußischen Heeres war die Kavallerie, zu der 1740 die Kürassiere, Dragoner und Husaren gehörten. Friedrich II. fällte über die Kavallerie seines Vaters ein hartes Urteil: »Mein Vater hat mir eine schlechte Kavallerie hinterlassen, in der kaum ein Offizier seine Sache verstand. Die Reiter hatten Angst vor ihren Pferden und saßen kaum im Sattel, und exerzieren konnten sie eigentlich nur zu Fuß, wie die Infanterie. Die Kavallerie war zu schwerfällig mit ihren großen Kerlen und großen Pferden, und die Auswirkungen in unseren ersten Kriegen waren so schlecht, daß ich das gesamte Korps umgestalten mußte.« Friedrich Wilhelm I. hatte die Zahl der Kavallerieschwadronen von 54 auf 114 vermehrt, die Dragoner gestärkt und die ersten Husareneinheiten geschaffen; aber diese Kavallerie war zu wenig auf den Angriff in der Schlacht vorbereitet und hatte auch das Reiten vernachlässigt. Eine erste Quittung erhielt der junge König in der Schlacht bei Mollwitz am 10. April 1741: Die preußische Kavallerie floh vom Schlachtfeld, während die Infanterie standhielt und schließlich das Blatt zugunsten der Preußen wendete.

Friedrich II. widmete der Kavallerie nun besonderes Augenmerk und sorgte für Änderungen in der Ausbildung und Taktik der Schwadronen. Es kam darauf an, die Stoßkraft dieser sehr beweglichen Waffengattung voll auszunutzen, zügig mit der blanken Waffe anzugreifen und die Zeit nicht mit dem Führen eines Feuergefechts zu Pferde zu vergeuden. »Der Reitkunst, der man bisher geringe Bedeutung beigemessen hatte«, so urteilte Friedrich Engels darüber, »schenkte man nunmehr größte Aufmerksamkeit. Alle Bewegungen der Kavallerie mußten in vollem Galopp und dichten Reihen durchgeführt werden. Durch die Maßnahmen von Seydlitz gewann Friedrichs des Großen Kavallerie eine Überlegenheit gegenüber jeder anderen zu jener Zeit oder je vorher existierenden, und ihr kühnes Reiten, ihre feste Ordnung, ihr stürmischer Angriff und ihr schnelles Sammeln sind noch von keiner Kavallerie später erreicht worden.« An dieser Veränderung der Ausbildung und der Organisation waren neben Friedrich II. vor allem die fähigen Reiterführer Friedrich Wilhelm von Seydlitz und Hans Joachim von Zieten – letzterer für die Husaren – maßgeblich beteiligt.

Auch die Kavallerie besaß eine Art doppelte Organisation. Ihre verwaltungsmäßig-organisatorische Einheit war die Kompanie, deren Wirtschaft ähnlich wie die einer Infanteriekompanie geführt wurde. Die taktische Formation war die Schwadron, auch Eskadron genannt, jede Eskadron bestand aus zwei Kompanien. Das Kavallerieregiment gliederte sich im Regelfall in 5 Eskadronen, jedoch gab es bei den Dragonern und Husaren auch Regimenter zu 10 Eskadronen, dementsprechend war dann die personelle Stärke unterschiedlich. Das Reglement von 1727 für die Kavallerie hatte den Etat festgelegt, der auch in der Folgezeit im Prinzip eingehalten wurde. Danach gehörten zum Regiment 30 Oberoffiziere, 60 Unteroffiziere, 10 Trompeter, 650 Reiter, 10 Fahnenschmiede, 1 Regimentsquartiermeister, 5 Kompaniefeldschere, 1 Pauker, 1 Auditeur, 3 Sattler, 1 Profoß. »Eine Esquadron«, so das Reglement, »besteht aus 2 Compagnien und ist starck: 6 Ober-Officiers, 12 Unter-Officiers, 2 Trompeters, 150 Reiters, 2 Fahnenschmiede. Eine Compagnie ist starck: 3 Ober-Officiers, 6 Unter-Officiers, 1 Trompeter, 65 Reiter, 1 Fahnenschmied. Außer der erwähnten Mannschaft soll jede Compagnie 3 Mann Über-Complets haben, welche niemals im Gewehr marschiren, außer wenn ein Kerl kranck wird, als dann in dessen Platz ein Übercompleter eingestellt werden soll.« Zahlenmäßig waren die Kavallerieregimenter schwächer als die Infanterieregimenter, sie zählten einschließlich des Stabes zwischen 850 und 900 Mann.

Die Kürassiere waren die schwere Schlachtenreiterei. Unter Friedrich dem Großen besaß die Armee 13 Regimenter einschließlich des 1740 neu aufgestellten Regiments Garde du Corps, das sich wie das Regiment Gens d'armes als die Creme des preußischen Heeres empfand. Die Kürassiere ritten auf schweren Pferden, trugen einen eisernen Brustharnisch, den Küraß, über dem Kollet und schweres Lederzeug und waren mit einem Karabiner und 2 Pistolen sowie einem Kürassierdegen bewaffnet; Offiziere und Unteroffiziere führten keinen Karabiner. Auf dem Schlachtfeld hatten die Kürassiere in wuchtiger Attacke mit blanker Waffe und in dichten Reihen die gegnerische Kavallerie zu schlagen und dann gegen die Flanken der Infanterietreffen einzuschwenken.

Die Dragoner, ursprünglich berittene Infanteristen, erfüllten unter Friedrich II. die gleichen Aufgaben wie die Kürassiere. 1740 gab es 10 Dragonerregimenter, Friedrich II. stellte im Verlaufe der Kriege noch zwei weitere auf. Die Dragoner besaßen keinen Brustpanzer, trugen statt dessen einen Uniformrock ähnlich dem der Infanterie und führten auch einen längeren Karabiner sowie einen Degen. Manche Ausrüstungs- und Bekleidungsgegenstände erinnerten an die Herkunft dieser Kavallerieart von der Infanterie. Eindeutig kavalleristisch waren die hohen Stulpenstiefel dieser Dragoner. Auf dem Schlachtfelde wirkten die Dragoner mit den Kürassieren zusammen. Als eines der kampfkräftigsten Regimenter galten die Bayreuther Dragoner (Nr. 5), deren Angriff in der Schlacht bei Hohenfriedeberg 1745 entscheidend zum preußischen Sieg beitrug.

Die Husaren waren leichte Reitertruppen, bekannt aus den ungarischen und polnischen Feudalheeren des 15. und 16. Jahrhunderts. In Preußen tauchten sie unter König Friedrich Wilhelm I. auf, 1731 wurde das Husaren-Leibkorps in Berlin formiert, sechs Jahre später gab es 5 Husarenschwadronen und beim Regierungsantritt Friedrichs II. waren es neun. Sie bildeten den Stamm von 5 Husarenregimentern, die 1741

aufgestellt wurden: Nr. 1 die Grünen Husaren, Nr. 2 die Roten Husaren, Nr. 3 die Blauen Husaren, Nr. 5 die Schwarzen Husaren, Nr. 4, genannt die weißen Husaren, war aus Deserteuren des polnischen Heeres formiert. Bis 1745 wurden noch 3 weitere Regimenter aufgestellt, ein letztes 1773. Die preußischen Husaren ahmten in der Uniformierung die ungarischen Husaren des kaiserlichen Heeres nach, waren mit Säbel und Karabiner bewaffnet und kämpften in aufgelöster Ordnung. Unter Hans-Joachim von Zieten erlangten sie den Ruf einer kampfstarken leichten Reiterei, die der österreichischen leichten Kavallerie ebenbürtig wurde. In den Schlachten bei Prag 1757 und Torgau 1760 wirkten sie auch mit der Schlachtenreiterei der Kürassiere und Dragoner zusammen.

Eine Sonderformation der preußischen Kavallerie waren die Bosniaken. Es handelte sich um polnische und ukrainische Rekruten, die in der kursächsischen Armee dienen sollten, aber 1745 zum preußischen König gelangten und dort ein eigenes Korps bildeten. Ihre Waffe war die Lanze. Im Siebenjährigen Krieg zählten die Bosniaken 10 Schwadronen, nach 1763 verblieb nur eine Schwadron im Heer.

Das Feldjäger-Korps zu Pferde war 1740 aus Försterssöhnen aufgestellt worden, seine Stärke stieg 1744 auf 118 Mann und 1786 auf 162. In Friedenszeiten waren sie in Potsdam stationiert, in den Kriegen dienten sie als zuverlässige Kuriere und Wegweiser.

Die Artillerie hatte zu Beginn des 18. Jahrhunderts ihren ehemaligen Charakter als Zunft von Büchsen- und Stückmeistern mit dem Bedienungspersonal endgültig abgestreift und war zu einer Waffengattung des Heeres geworden. Unter Friedrich dem Großen zählte die Artillerie formal gleichberechtigt neben der Infanterie und Kavallerie, ihre Mannschaften und Offiziere waren Militärpersonen, unterstanden gleichen Disziplinar- und Strafnormen wie die anderen Waffengattungen des Heeres. Allerdings mit einem großen Unterschied: diese Waffe galt sozial und im moralischen Ansehen weniger als die Infanterie und Kavallerie, ein Teil der Offiziere kam auch aus bürgerlichen Kreisen, was bei den anderen beiden Waffengattungen die Ausnahme war. Als Soldaten wur-

Holzschnitt zu F. Kugler: Angriff des Dragoner-Regiments Nr. 5 auf österreichische Infanterie bei Hohenfriedeberg

den Zwangsgeworbene und Dienstpflichtige genommen, die durch Statur und äußeres Erscheinungsbild für die Grenadiere, Musketiere oder die Reiterei nicht in Frage kamen. Obgleich die Kriege des 18. Jahrhunderts eine wachsende Effektivität der Artillerie bewiesen hatten, blieb die preußische Artillerie hinter der österreichischen und russischen zurück – ein Fakt, den Friedrich der Große in seinen Schriften aus der Zeit während und nach dem Siebenjährigen Krieg anerkannte. Das reflektierte sich zugleich im artilleriewissenschaftlichen Schrifttum, das in Österreich, Frankreich und Rußland zahlreiche Autoren und Werke hervorbrachte, während zu Lebzeiten Friedrichs II. nur Major Georg Friedrich von Tempelhoff über die Grenzen Preußens hinaus als Artillerietheoretiker Geltung erlangte.

Unter Friedrich II. erhöhte sich die personelle Stärke der Artillerie von 789 Mann im Jahr 1740 auf über 8600 im Todesjahr des Königs. 1740 besaß das Heer eine Feldartillerieabteilung zu 6 Kompanien, die auch hier die administrativ-versorgungsmäßige Einheit waren. 1744 entstand aus 2 Abteilungen ein Feldartillerieregiment, das 1758 durch eine 3. Abteilung verstärkt wurde, 1762 gab es bereits 2 Regimenter, die nach Ende des Siebenjährigen Krieges in 3 kräftemäßig schwächere Regimenter umstrukturiert wurden. Das 1. und das 3. Regiment standen in Berlin in Garnison, das 2. in Königsberg, wo 1772 ein 4. Artillerieregiment errichtet wurde. Während des Siebenjährigen Krieges formierte der König nach russischem Vorbild eine reitende Artillerie, die rasch die Stellung wechseln konnte. In den Festungen verblieben einige Kompanien Garnisonartillerie, die aber für den Feldeinsatz wenig geeignet waren.

Nach dem Geschoßgewicht und Einsatzzweck gab es leichte Bataillons- bzw. Regimentsgeschütze, die von der Infanterie unmittelbar in der Schlachtordnung mitgeführt wurden, pro Bataillon zwei 3- oder 6-Pfünder. Die schwereren Kaliber von 12 oder 24 Pfund wurden Batteriegeschütze genannt, da sie als Batterien an den Flanken der Schlachtordnung des Heeres postiert wurden. Bei den Haubitzen kannte man 7-, 10- und 18-Pfünder, die im Festungskampf wie auf dem Schlachtfelde eingesetzt wurden. Die schwerfälligen, unbeweglichen Mörser verschossen Kugeln im Gewicht von 10, 24 und 50 Pfund. Während der Kriegsjahre gab es zahlreiche Versuche, das Gewicht der Geschütze zu verringern und die Artillerie beweglicher zu machen. Für den Transport war ein großer Train erforderlich, der nur zu einem geringen Teil von den Kräften der Armee bewältigt wurde; in Listen erfaßte Bauern und Knechte wurden nach der Mobilmachung herangezogen und mußten die Artillerie begleiten. Für das Verlegen der schweren Geschütze und der großen Pulver- und Munitionsmengen aus den Festungen zu den Truppen nutzte man auch die Wasserwege, so die Oder für den schlesischen Kriegsschauplatz und die Elbe für den sächsisch-böhmischen.

Zum Heer gehörte eine Reihe kleiner Formationen und Korps, aus denen im 19. Jahrhundert unter dem Einfluß des raschen ökonomisch-technischen Fortschritts und seiner Einwirkungen auf das Militärwesen Pioniertruppen und technische Dienste hervorgingen. Bei Regierungsantritt übernahm Friedrich II. ein Korps von 54 Militäringenieuren, an dessen Spitze der aus den Niederlanden stammende Gerhardt Cornelius von Walrave stand. 1742 wurden die Pontoniere, die zur Artillerie gehörten sowie die Mineure, die am Festungsbau und an Belagerungen beteiligt waren, zu einem eigenen »Regiment Pioniers« zusammengefaßt. Da Walrave zugleich Kommandeur dieses Regiments wie der Ingenieure war, bestanden günstige Voraussetzungen, diese Vorläufer der Pioniertruppen auszubauen. Aber Walrave verfolgte

zwielichtige persönliche Machenschaften, die zu seiner Verhaftung und in den Kerker führten, wo er 1773 starb. Die verbliebenen Militäringenieure in Offiziersrängen genossen wenig Ansehen und dienten in den verschiedenen Festungen. Später wurden aus dem »Regiment Pioniers« die Pontoniere wieder ausgegliedert und das Regiment für infanteristische Aufgaben eingesetzt. Die Mineurkompanien, in deren Bestand zahlreiche Bergleute dienten, wurden im Siebenjährigen Krieg im Festungskampf verwendet, aber sie erfüllten nur selten die in sie gesetzten Erwartungen. 1805 bestanden neben dem Ingenieurkorps noch 4 Kompanien Mineure und 3 Kompanien Pontoniere.

Für die Kriegführung spielten die Festungen eine wichtige Rolle: Sie waren nach einem Wort Friedrichs des Großen militärische Nägel, die den Staat zusammenhielten, zugleich Vorratslager, Munitions- und Materialdepots und Stützpunkte, an denen ein eindringendes gegnerisches Heer nicht vorbei kam. Wichtige Festungen des Landes waren Magdeburg, Wesel, Stettin, Breslau, Neiße, Schweidnitz und Kolberg. Der Ausbau und die Verteidigung von Festungen erfolgten nach bestimmten Regeln, die in einer umfangreichen Fortifikationsliteratur erörtert wur-

Holzschnitt zu den Werken (»Geschichte meiner Zeit«):
Soldaten bei der Arbeit an Festungswällen

den. Unter Friedrich II. folgte der preußische Festungsbau im Prinzip dem sogenannten Tenaillensystem, d. h., die Festung erhielt einen sternförmigen Grundriß; ihre Stärke fußte auf mehreren Wällen, Gräben und sich gegenseitig deckenden Kasematten. Vor der eigentlichen Festung wurden mehrere mit Artillerie bestückte Forts errichtet, die ein heranrückender Gegner erst niederkämpfen und einnehmen mußte, ehe er die Belagerung eröffnen konnte. Diese »neupreußische Befestigungsmanier« wurde noch bis in die erste Hälfte des 19. Jahrhunderts angewendet, weil sie eine tiefe Abwehrzone schuf. Allerdings erforderte der Unterhalt der Festungen nicht nur hohe Mittel und Arbeitsleistungen, sondern auch Truppen, die – sofern die ohnehin kampfschwachen Garnisontruppen nicht ausreichten – dem Feldheer abgezogen werden mußten.

4.
Friedrich der Große –
roi-connétable Preußens

Den Künstler Menzel faszinierte in seinem Schaffen immer wieder die Gestalt Friedrichs II., des Königs, Heerführers und Militärtheoretikers in Person. Aus der älteren französischen Militärgeschichte ist der Begriff des roi-connétable, d. h. König-Heerführer, überliefert. Als eine solche militärische Herrschergestalt erschien der preußische König vielen Zeitgenossen. Im 18. Jahrhundert vereinten, außer dem preußischen Friedrich, noch Zar Peter I. und der junge Schwedenkönig Karl XII. die Krone mit der Feldherrenwürde.

Was war für den preußischen roi-connétable charakteristisch, das auch Menzel auf seine Weise verarbeitete? Friedrich II. leitete aus praktischen Kriegserfahrungen, aus Manövern und aus der zeitgenössischen Militärliteratur Regeln für die Kriegführung, für die Organisation, Ausbildung und den Einsatz der Truppen ab. Primäres Ziel dabei war, das Heer im Interesse der Machtpolitik der Krone und der adligen Gutsherren für Eroberungskriege zu perfektionieren,

Holzschnitt zu F. Kugler: Friedrich der Große
nach der Schlacht bei Kolin

aber mit diesen Schritten waren zugleich auch Auswirkungen auf die militärische Theorie und Praxis im 18. Jahrhundert verbunden.

Der Kronprinz Friedrich war zunächst nicht unbedingt militärischen Interessen zugeneigt, obgleich er bereits als Knabe in die militärische Hierarchie eingeordnet wurde. Nach dem Konflikt mit Vater Friedrich Wilhelm I. und dem Zwangsaufenthalt in Küstrin lernte der Thronfolger als Regimentschef den täglichen militärischen Garnison- und Exerzierdienst kennen, er nutzte diese Zeit auch für das Studium militärischer Literatur. Friedrich las die spöttisch-kritischen Memoiren des französischen Generals Antoine Manassés de Pas, Marquis de Feuquières und vor allem die Bücher des französischen Offiziers Jean Charles de Folard, der das Geschichtswerk des griechischen Historikers Polybios mit eigenen Kommentaren herausgegeben hatte (Histoire de Polybe avec commentaires, 6 Bde., Paris 1727 bis 1730). Folards Schrift beeindruckte Friedrich, namentlich die Ausführungen des Franzosen über den Nutzen der Kolonne, d. h. der tiefen anstelle der flachen, d. h. der linearen, Aufstellung, über die Möglichkeiten der schiefen Schlachtordnung sowie des Durchbruchs der gegnerischen Schlachtordnung mit Kolonnen.

Entscheidende Einflüsse auf das militärische Denken des Königs übten die Erfahrungen der Schlesischen Kriege aus. Die Friedensjahre zwischen 1745 und 1756 waren die Zeit, in der zahlreiche Schriften entstanden und Friedrich II. sich besonders um die Ausbildung und Kriegskunst seiner Truppen kümmerte. Die wichtigsten Werke neben zahlreichen Instruktionen für die Infanterie und Kavallerie waren die »General-Principia vom Kriege«, die »Gedanken und allgemeinen Regeln für den Krieg«, ein Lehrgedicht über die Kriegskunst sowie zwei Abhandlungen über Feldzugspläne und die Charaktereigenschaften von Generalen. Die »General-Principia« wie die »Gedanken und allgemeinen Regeln« reihen sich in die militärtheoretischen Schriften des 17. und 18. Jahrhunderts ein, die – wie die Werke von Raimondo Graf von Montecuccoli und des Grafen Moritz von Sachsen – Krieg und Streitkräfte in ihrer Gesamtheit und ihren Beziehungen zum staatlichen Leben untersuchten. Den Schriften Friedrichs II. war eine betont praxisorientierte Betrachtung eigen; sie waren sowohl eine Art Selbstverständigung wie eine Anleitung für seine Generäle und höheren Truppenführer.

Friedrich II. knüpfte an die zeitgenössische Militärliteratur an, betrachtete jedoch eine Reihe von Problemen viel zugespitzter als andere Feldherren und Theoretiker. Einen besonderen Platz nahmen dabei die Verhütung der Desertion und die Sorge für die Verpflegung der Truppen ein.

Er ging in den »General-Principia« von der Struktur der preußischen Armee aus und betonte die Qualität der Truppen als Faktor für die Erringung des Sieges. Unter Qualität verstand er in erster Linie den Ausbildungsstand, die Einsatzbereitschaft und strenge Disziplin der Soldaten – jedoch nicht deren Anzahl. Für die meisten Militärtheoretiker dieser Zeit waren die Truppen der verschiedenen Länder eine gleichartige Größe ohne gravierende qualitative Unterschiede. Friedrich II. erblickte gerade in der Qualität den Kraftquell militärischer Erfolge.

Friedrich II. befaßte sich gründlich mit der praktischen Vorbereitung der Truppen auf den Krieg. Er wies in diesem Zusammenhang wiederholt darauf hin, das Gelände für die Aufstellung und Bewegung der Schlachtordnung zu nutzen und die Regimenter fest zusammenzuhalten; letztere Sorge resultierte vor allem aus der Furcht vor der Desertion der Söldner. Im Unterschied zu anderen militärisch gebildeten Feldherren und Theoretikern konnte der preußische König mit der fest geordneten und gedrillten Armee diese seine Vorstellungen auch in die Praxis der Ausbildung umsetzen. In zahlreichen Manövern zwischen 1745 und 1756 wurden seine Ideen auf dem Exerzierplatz, der damals noch weitgehend den realen Gefechtsbedingungen entsprach, erprobt. So orientierte er in den Instruktionen und Reglements für die Infanterie entschieden auf den Angriff mit »starckem Schritt«, »starck avanciren« kommt in seinen Schriften wiederholt vor. Für die Kavallerie schrieb er die ungestüme Attacke in »voller carriere« vor. Eine solche Taktik entsprach den Möglichkeiten der Kriegskunst des 18. Jahrhunderts und setzte sich in der Folgezeit auch in anderen Söldnerarmeen durch.

Ähnliche Gedanken durchdrangen auch die Schlachtentaktik. Friedrich II. teilte mit anderen Feldherren des 17. und 18. Jahrhunderts die Ansicht, daß die Schlacht mit den kostspieligen und schwer zu ersetzenden Söldnerheeren ein Wagnis darstelle. Aber er glaubte auf Grund der Qualität seiner Truppen, dieses Risiko unter günstigen Umständen leichter eingehen zu können als der Gegner. Diese generelle Betonung der Schlacht war für Friedrich den Großen kein Dogma, seine Einstellung zur Schlacht änderte sich auf Grund von Kriegserfahrungen. Sah er in der Schlacht auch eine militärische Entscheidung, so sollte diese doch nicht mit großen Verlusten, sondern durch die Qualität der Armee und das takti-

Holzschnitt zu F. Kugler: Marschierende Infanterie und Artillerie

sche Können der Truppenführer gewonnen werden. Hier lag ein wichtiger Schlüssel für die Beschäftigung mit der aus der Antike überlieferten schiefen Schlachtordnung.

Für den preußischen König war die im 17. und 18. Jahrhundert übliche Parallelschlacht die taktische Ausgangslage. Im Verlaufe einer solchen Schlacht konnte sich der Schwerpunkt des Angriffes auf einen Flügel verlagern, nur müsse der Feldherr eine schwache Stelle der gegnerischen Ordnung auffinden und dort angreifen. Zufall und taktisches Können waren dazu notwendig. Friedrich II. forderte deshalb, bereits die Disposition für die Schlacht so zu entwerfen, daß ein Angriff mit einem Flügel gegen den schwachen Punkt der gegnerischen Aufstellung geführt werden könnte. Daraus entwickelte er die schiefe Schlachtordnung, die er in den »Gedanken und allgemeinen Regeln« am Vorabend des Siebenjährigen Krieges methodisch fixierte.

Angriff und Verteidigung als zwei Grundelemente der Kriegskunst waren auch zentrale Probleme der Kriegführung mit stehenden Söldnerheeren, sie standen in einem Wechselverhältnis, das sich zugleich in Abhängigkeit von der Struktur der Streitkräfte und ihrer Waffentechnik immer wieder wandelte. Friedrich II. sah schon vor 1756 die gewachsene Stärke der Verteidigung; Artillerie und zahlreiche Feldstellungen (Verschanzungen) boten einem Heer ein großes Maß an Sicherheit und Standfestigkeit gegen Angriffe. Nachteil einer festen Verteidigungsstellung war, daß in ihr die Armee festlag und nur langsam und mit vielen Komplikationen Umgruppierungen der Truppen möglich waren. Gerade darin erblickte der König die Chance, mit der schiefen Schlachtordnung einen Sieg zu erkämpfen. Er wollte seine Dispositionen so treffen, daß der Stoß einen gegnerischen Flügel traf, der vom überlegenen Angreifer zu zertrümmern war, ehe die feindliche Führung diesen Flügel zu verstärken vermochte. Günstige Möglichkeiten für einen solchen Aufmarsch zum Angriff in der schiefen Schlachtordnung bot durchschnittenes Gelände, das der Feind schwer einsehen konnte. In der Ebene, wo die beiden Schlachtordnungen sich übersichtlich »rangierten«, sollten nach den Vorstellungen des preußischen Königs die Prinzipien der Parallelschlacht gelten.

Friedrich II. plädierte für die rasche Verfolgung des zurückgehenden Gegners und wendete sich gegen die dem Werk des spätrömischen Militärtheoretikers Vegetius entstammende Regel, dem fliehenden Gegner eine »goldene Brücke« zu bauen. Die Verfolgung nach der Schlacht sollte durch eine selbständige Abteilung oder durch die ganze Armee aufgenommen werden.

Hier handelte es sich um Wunschvorstellungen, denn in der Praxis war dies kaum möglich, ohne den Zusammenhalt der eigenen Armee zu gefährden und damit der Desertion Tür und Tor zu öffnen. In den »General-Principia« schrieb der König deshalb auch, daß den preußischen Truppen die Siege ebenso fatal wären wie ihren Gegnern.

Holzschnitt zu F. Kugler: Schlachtfeld mit Toten, aus deren Mitte sich ein Verwundeter erhebt

Die soziale Zusammensetzung der Armee einerseits und die Potenzen sowie die geographischen Lage des Königreiches andererseits waren in den Augen Friedrichs II. auch bestimmende Faktoren seiner Strategie. Er ließ sich von dem Gedanken leiten, daß die Kriege Preußens »kurtz und vives seyn müssen, massen es uns nicht conveniret, die Sachen in die Länge zu ziehen, weil ein langwieriger Krieg ohnvermerkt Unsere admirable Disciplin fallen machen, und das Land depeuplieren, Unsere Ressourcen aber erschöpfen würde«. Überhaupt nötige die Lage Preußens, sich nicht auf lange und kostspielige Kriege einzulassen. Diese Maxime ergab sich letztlich aus dem latenten Widerspruch zwischen den außenpolitischen Zielen der Hohenzollern und dem begrenzten militärischen Potential. Allerdings berücksichtigte der preußische König in der Operationsplanung in der Regel real, aber mit hoher Risikobereitschaft die Möglichkeiten der Armee. Er gab in verschiedenen seiner Arbeiten zu bedenken, daß es keine allzeit gültigen Feldzugspläne gebe. Die Operationspläne sollten sich konkret nach der Zahl der Gegner richten, wobei der Feind nicht unterschätzt werden dürfe. Auftretende Schwierigkeiten sind nicht zu verkleinern, besser sei es, mehr Komplikationen in Rechnung zu stellen als eintreten könnten. Die damals bereits sichtbare Gefahr, einen Krieg an mehreren Fronten führen zu müssen, war ihm bewußt. Am Schluß der Schrift »Von Projets zu Campagnen« (um 1755) hob er deshalb auch her-

Holzschnitt zu den Werken (»Geschichte des Siebenjährigen Krieges«): Preußische Infanterie stürmt eine Verschanzung

35

Lithographie aus dem Armeewerk, Band III
Feldscher

Schlachtentaktik analysierte. Er hob die festen Lager der Österreicher, ihre starken Verteidigungsstellungen und ihre wirksame Artillerie als neue Elemente hervor und suchte dann nach Wegen, diese Stärken seines Gegners zu überwinden. Den Ausweg fand er in der Verstärkung der eigenen Artillerie und insbesondere in dem Versuch, den Gegner aus den festen Stellungen in Berggelände in die Ebenen zu ziehen, wo die größere Manövrierfähigkeit der Preußen wieder zur Geltung kommen könnte. Letztgenannter Gedanke tauchte in Schriften des Königs nach 1758 wiederholt auf. Darin reflektierten sich die gewachsene Stärke der Verteidigung in bergigem und hügligem Gelände sowie die Krise der Angriffstaktik alten Stils.

Die Schlachten in den letzten Jahren des Siebenjährigen Krieges wurden mehr und mehr zu einem verlustreichen Abringen, wie es die Schlacht bei Torgau 1760 zeigte. Sie wurden nicht mehr durch einen wuchtigen Stoß sondern erst durch mehrfache Angriffe der Treffen und durch massierten Artillerieeinsatz entschieden. Diese Taktik machte die Schlacht noch unbeweglicher, mehr und mehr näherte sich die Schlachtentaktik der Belagerungskunst.

Aus den »Grundsätzen der Lagerkunst und Taktik« (1770), dem zwei Jahre zuvor verfaßten Testament sowie aus den »Betrachtungen über die Feldzugspläne« (1775) und »Über die Märsche einer Armee und was man in dieser Beziehungen zu beachten hat« (1777) sprachen im Grunde die prinzipiell gleichen Leitgedanken. Jedoch gewann jetzt der Zug eines sorgfältigen Abwägens aller Operationen und des Vermeidens von zugespitzten Konfrontationen und Situationen an Gewicht. Für den Unterhalt des im Siebenjährigen Krieg ausgebluteten Heeres rückte der König die Sorge um die Verpflegung in Friedens- wie in Kriegszeiten mit an die vorderste Stelle. Aus dem Verlauf des Siebenjährigen Krieges schlußfolgerte Friedrich II., daß der sorgfältigen Erkundung des Gegners und des Terrains noch größere Aufmerksamkeit zu widmen sei. Gestützt auf feste Lager, Stellungen und Festungen, glaubte Friedrich II. das Risiko verlustreicher Schlachten so gering wie möglich zu halten. Als Rezept für die Kriegführung gegen Österreich emp-

vor, daß die allerschwierigsten Feldzugspläne die eines Mehrfrontenkrieges sind.

Der Siebenjährige Krieg brachte Friedrich II. in diese Lage. Der König zog aus den Feldzügen und Schlachten eine Reihe von Schlußfolgerungen, die in Instruktionen, dem Testament von 1768 und in speziellen militärischen Schriften ihren Niederschlag fanden. Bereits Ende 1758 nach der Niederlage bei Hochkirch, verfaßte er die »Betrachtungen über die Taktik und einige Seiten der Kriegsführung«, worin er namentlich die Stärke der österreichischen

fahl er im Testament von 1768 den Einsatz zahlreicher Streifkorps und schrieb dazu: »Kleine Erfolge vervielfältigen, heißt nichts anderes als allmählich einen Schatz aufhäufen. Mit der Zeit ist man reich und weiß nicht wie. Man darf den Angriff starker Stellungen nur im äußersten Nothfalle unternehmen.«

Die Strategie Friedrichs des Großen wurzelte in den gesellschaftlichen, speziell den militärischen, Verhältnissen seiner Zeit, hierin lagen ihre Möglichkeiten und Grenzen. Der preußische König konnte über die Ressourcen des Staates weitgehend nach eigenem Ermessen verfügen und brauchte nicht jene Rücksichten zu nehmen, die den Feldherren der antipreußischen Koalition Fesseln anlegten: das Abwarten auf Weisungen des Herrschers und des Hofes, die Furcht, ein Risiko einzugehen und das kostspielige Heer zu verlieren. Der militärische Handlungsspielraum des preußischen Königs war größer als der seiner gegnerischen Feldherren. »Friedrich war der Chef«, so

Holzschnitt zu den Werken (»Instruction für seine Artillerie«): Der Tod in der Kanone

schrieb treffend Franz Mehring, »der selbst an der Börse spekulierte, während die Daun und Laudon nur die Prokuristen waren, die immer bei ihrem Chef anfragen mußten, ehe sie das Vermögen des Hauses auf eine Karte setzten.«

In den letzten Herrschaftsjahren verfolgte Friedrich der Große den Unabhängigkeitskrieg der nordamerikanischen Kolonien gegen England. Unter dem Eindruck der bei ihm eintreffenden Nachrichten ordnete er die Aufstellung von drei leichten Infanterieregimentern an, die nicht in der starren Schlachtordnung kämpfen sollten. Allerdings war damit keine Umbewertung der Infanterie und ihrer überlieferten Taktik verbunden, nach wie vor blieb diese Linieninfanterie, die in langen Reihen auf dem Schlachtfeld antrat, das wichtigste Element, die leichte Infanterie galt nur als Hilfstruppe. Trotzdem bewies im Vergleich zu anderen europäischen Heeren diese Maßnahme einen gewissen Blick des Königs für die Übernahme militärischer Neuerungen.

Als Friedrich der Große 1786 starb, schmückte eine Gloriole des Sieges das altpreußische Heer. Zugleich jedoch zeigten sich immer stärker Erstarrungs- und Verfallserscheinungen, die an Grundlagen der Militärverfassung und -organisation des Landes zehrten. Ohne Zweifel war der preußische König einer der befähigsten Feldherren seiner Zeit. Er ging militärische

Holzschnitt zu den Werken (»Über Märsche von Armeen und das, was in bezug auf sie beachtet werden muß«): Soldaten (Füsiliere, keine Grenadiere, wie bei Bock bezeichnet), von Durst gequält, an einem Ziehbrunnen

Risiken ein, die ein anderer Heerführer, der sich nach den Weisungen seines Monarchen oder Hofkriegsrates richten mußte, nicht wagen konnte. Auf sein Siegeskonto gingen die Schlachten bei Soor, Chotusitz, Hohenfriedeberg, Roßbach, Leuthen und Torgau, aber mit seinem Namen sind auch die Niederlagen bei Kolin, Hochkirch und Kunersdorf verknüpft, in denen er eklatante militärische Fehler beging, die einem untergeordneten General Rang und Posten gekostet hätten. Die hervorstechende Stellung des königlichen Heerführers wird hier sichtbar. Sie war möglich in einer Zeit, da die Streitmacht noch eine relativ eigenständige Stellung im Staat einnahm und die Armee und ihre Führung überschaubar waren. Die hier liegenden Grenzen werden bei einem Vergleich mit der Heerführung im folgenden Jahrhundert deutlich. Als die Französische Revolution und der Prozeß der bürgerlichen Umgestaltung des Militärwesens die Massenarmee und neue Einbindungen des Militärs in den Staat und in die Gesellschaft bewirkten, wurde die Position des König-Heerführers oder Staatsoberhaupt-Feldherrs mehr und mehr zur Ausnahme. Der oberste Befehlshaber war fortan stärker in die neuen gesellschaftlichen Institutionen und Verantwortlichkeiten diesen gegenüber eingebunden als der König-Feldherr des 18. Jahrhunderts.

Bildtafeln mit Erläuterungen

I.
Aus König Friedrichs Zeit.
Kriegs- und Friedenshelden

Die »Frideriziana« Menzels vermitteln insgesamt ein beeindruckendes Bild von der preußischen Armee unter Friedrich II. Dabei geht es nicht allein und vordergründig um die vielen Details der Ausrüstung und Bekleidung der Soldaten und Offiziere – auch heute noch eine Quelle für jeden, der sich mit Uniformgeschichte befaßt –, sondern auch um die inneren Wesenszüge dieser absolutistischen Streitmacht. Denn Leben, Dienst, Leiden, spärliche Freuden und Tod der Zwangsrekrutierten und der inländischen Kantonisten erscheinen im graphischen Werk des großen Künstlers nicht schlechthin als historischer Fakt. Das Werk von Menzel zur preußischen Armeegeschichte ist dazu geeignet, hinter dem äußerlich imponierenden Erscheinungsbild der friderizianischen Streitmacht auch ihren Charakter als Instrument des preußischen Absolutismus in differenzierter Weise zu sehen und zu verstehen.

Tafel 1 **Friedrich II.** wurde am 24. 1. 1712 im Stadtschloß in Berlin geboren; sein Vater war der preußische König Friedrich Wilhelm I., die Mutter Königin Sophie Dorothea aus dem Fürstenhaus Hannover. Der Kronprinz wurde einer harten militärischen Erziehung unterworfen, die seine musischen Neigungen unterdrücken sollte. Die Spannungen zwischen Vater und Sohn entluden sich 1730 im gescheiterten Fluchtversuch des Kronprinzen: der Prozeß gegen den »Deserteur Fritz« und seinen Helfer, den Leutnant Hans Hermann von Katte, erregte großes Aufsehen. Während Katte hingerichtet wurde (was auf Friedrich nachhaltigen Eindruck ausübte), mußte der Kronprinz zwangsweise Verwaltungsdienst in Küstrin verrichten. 1732 übergab ihm der Vater ein Infanterieregiment in Ruppin. Der Kronprinz bezog bis 1740 Quartier in Ruppin und Rheinsberg. Viele Erwartungen knüpften Vertreter der Aufklärung an den Regierungsantritt des Kronprinzen. Als 1740 Friedrich den Königsthron bestieg, wurde zwar die militaristische Politik des Vaters in einigen Bereichen (Justiz, Presse) geringfügig gemildert, aber gleichzeitig verstärkte der neue König das Heer und löste Ende 1740 mit dem Einmarsch im österreichischen Schlesien den Österreichischen Erbfolgekrieg (1741–1748) aus. Die dynastisch gefärbten Eroberungskriege wurden durch die Gegensätze zwischen dem absolutistischen Frankreich und dem bürgerlichen England sowie zwischen Preußen und Österreich geprägt, wobei der preußische König zunächst als Bündnispartner der französischen Krone (bis 1756) und dann als Festlandsdegen Englands agierte. Zusammen mit Rußland und Öster-

möglich, die aus der Antike überlieferte »schiefe Schlachtordnung« in Manövern zu erproben und in der Schlacht bei Leuthen 1757 mit Erfolg anzuwenden. Friedrich II. ging wiederholt risikoreiche Schlachten ein, die bei Prag, Roßbach und Leuthen 1757 zu Siegen führten, ihm jedoch bei Kolin 1757, Hochkirch 1758 und Kunersdorf 1759 schwere Niederlagen einbrachten. Später scheute der König immer mehr vor dem Schlachtrisiko zurück. Im Bayerischen Erbfolgekrieg (1778/79) vermied er jede Schlacht. Unter Friedrich II. nahm das preußische Heer im Rahmen des absolutistischen Militärwesens in Europa einen ersten Platz ein und galt als Vorbild für andere Länder.

Friedrich II. starb am 17. 8. 1786 im Schloß Sanssouci in Potsdam; er war verheiratet mit Elisabeth Christine von Braunschweig-Bevern, die Ehe blieb kinderlos, beide Partner führten seit der Thronbesteigung 1740 ein getrenntes Leben.

Friedrich II. trug stets die blaue Interimsuniform des I. Bataillons Garde.

reich war er an der 1. Teilung des polnischen Staates 1772 maßgeblich beteiligt.

Friedrich II. war ein talentierter Feldherr, der ohne Rücksicht auf ständische Vertretungen und Hofkreise die Armee einsetzen konnte. In seinen 46 Regierungsjahren führte er 4 Kriege und war an mehr als 20 Schlachten und Belagerungen beteiligt. In seiner ersten Schlacht 1741 bei Mollwitz verließ er das Schlachtfeld, jedoch scheute er sich nicht, Schlußfolgerungen aus dem drohenden Mißerfolg zu ziehen und mit starkem persönlichen Engagement ab 1742 das Heer für neue Feldzüge vorzubereiten. Er verfaßte Reglements für die Infanterie und Kavallerie und militärische Schriften für seine Generäle, so die »General-Principia vom Kriege« (1747) und die »Gedanken und allgemeine Regeln für den Krieg« (1755). Mit der intensiv gedrillten Armee war es ihm auch

Tafel 2 **Leopold Fürst von Anhalt-Dessau,** genannt der »Alte Dessauer«, war eine der markantesten Persönlichkeiten des preußischen Heeres unter Friedrich Wilhelm I. und Friedrich II. Er wurde am 3. 7. 1676 in Dessau geboren; sein Vater war Johann Georg, Fürst zu Anhalt-Dessau, die Mutter Henriette Katharina, Prinzessin von Oranien. Als regierender Fürst (1693–1698 unter Vormundschaft der Mutter) des kleinen Landes am Mittellauf der Elbe trat er 1693 in brandenburgische Kriegsdienste. Kurfürst Friedrich III. (ab 1701 König Friedrich I. in Preußen) übergab ihm das Infanterieregiment »Alt Dessau«, das zunächst in Halberstadt und später in Halle in Garnison lag. Leopold unternahm 1693/95 eine Reise nach Italien und hielt sich 1695/97 bei den preußischen Truppen in den Niederlanden auf, 1696 wurde er preußischer Generalmajor und seit 1701 auch Gouverneur von Magdeburg. Im Spanischen Erbfolgekrieg (1701–1713) befehligte er auf verschiedenen Kriegsschauplätzen preußische Hilfstruppen; er nahm an

Tafel 2

den Belagerungen von Kaiserswerth, Venloo und Roermonde, an den Schlachten bei Höchstedt 1703 und 1704, bei Turin 1706 und Malplaquet 1709 sowie an zahlreichen Kämpfen um oberitalienische und flandrinische Festungen teil, erwarb praktische Kenntnisse in der Truppenführung wie im Handeln von Armeen einer Koalition verschiedener Staaten und lernte die Kriegskunst des Markgrafen Ludwig Wilhelm von Baden und des kaiserlichen Heerführers Prinz Eugen von Savoyen wie auch die der berühmten Heerführer des französischen Königs Ludwig XIV. kennen. 1712 erreichte er den Rang eines Feldmarschalls, 1715 kommandierte er die preußischen Truppen im Krieg gegen Schweden (Einnahme von Stralsund und Rügen).

In den Friedensjahren nach 1715 wurde sein Infanterie-Regiment Nr. 3 zu einer Mustereinheit des preußischen Heeres. Leopold sorgte sich in besonderem Maße um die intensive Ausbildung (Drill) der Soldaten, ihm werden die Einführung des eisernen Ladestockes und des Gleichschrittes zugeschrieben, wodurch die Kampfkraft der Infanterie weiter gesteigert werden konnte. Leopold genoß das Vertrauen des Königs Friedrich Wilhelm I. und betrachtete sich auf Grund seiner Kriegserfahrungen als militärischer Lehrmeister des Kronprinzen Friedrich. Als dieser 1740 König wurde, deuteten sich gewisse Spannungen zwischen beiden an, da Friedrich II. auf seinen absolutistischen Herrschaftsanspruch besonders in der Armee achtete. So erhielt Leopold in den ersten beiden schlesischen Kriegen zunächst untergeordnete Kommandos, erst Ende 1745 befehligte er eine preußische Armee, mit der er die blutige Schlacht bei Kesselsdorf gegen die Sachsen gewann.

Leopold starb am 9. 4. 1747 in Dessau. Er war mit der Apothekerstochter Anna-Luise Föse (1701 in den Reichsfürstenstand erhoben) verheiratet und hatte 10 Kinder, alle fünf Söhne dienten in der preußischen Armee und wurden General. Ein illegitimer Sohn war der preußische Offizier und Militärtheoretiker Georg Heinrich von Berenhorst, der in einem aufsehenerregenden Werk Ende des 18. Jahrhunderts die überlieferte Heeresorganisation und Kriegskunst Friedrichs II. scharf kritisierte.

Der »Alte Dessauer« war in erster Linie Praktiker des absolutistischen Militärwesens. Jedoch war der Fürst nicht nur ein Haudegen, er hinterließ auch militärtheoretische Aufzeichnungen, die für den Kronprinzen Friedrich bestimmt waren, und unterhielt Verbindungen zu Gelehrtenkreisen. Als Landesherr förderte er in bestimmten Grenzen die Entwicklung von Gewerbe und Agrarwirtschaft.

Leopold trug die Uniform seines Regiments, d. h. blauer Uniformrock mit roten Aufschlägen sowie weiße Unterbekleidung. Zu einer anderen Darstellung bemerkte Adolph Menzel: »Als auffallende Abweichung vom Vorschriftsmäßigen zeigen sich: der Schnurrbart, die lose Haartracht, offene Weste und Farbe der Bein-Kleider; Licenzen, welche wohl nur ihm zugestanden blieben.«

41

Tafel 3 **Hans Joachim von Zieten** wurde am 14.5.1699 auf Schloß Wustrau (unweit von Neuruppin), dem Stammsitz der Adelsfamilie von Zieten, geboren und wurde von Kindheit an auf die Offizierslaufbahn in der preußischen Armee vorbereitet. 1716 war er Gefreitenkorporal vom Infanterie-Regiment Nr. 24, 1720 wurde er Fähnrich. Da er sich beim Avancement benachteiligt fühlte, nahm er 1724 den Abschied, kehrte aber zwei Jahre später wieder zur Armee zurück und diente im Dragoner-Regiment Nr. 6. Wegen eines Duells wurde er 1730 erneut verabschiedet und zu 6 Monaten Festung verurteilt, trat aber nach dieser Strafe im Oktober 1730 zu den Husaren über. Von diesem Zeitpunkt an war sein weiterer militärischer Entwicklungsweg mit der Geschichte der preußischen Husarenformationen verbunden. Er nahm an Schlachten und Gefechten des ersten und des zweiten Schlesischen Krieges (1740–1742, 1744/45) teil und avancierte 1744 zum Generalmajor, 1756 zum Generalleutnant. Zieten hatte einen besonderen Blick für die praktischen Bedürfnisse der Ausbildung der Husaren sowohl für den Sicherungs- und Vorpostendienst wie für Streifzüge und für das Mitwirken der Husaren auch in der Lineartaktik der Schlacht zusammen mit den anderen Arten der Kavallerie. Er war aber auch in verschiedene Intrigen innerhalb der höheren Offizierskaste am Hof verstrickt.

Im Siebenjährigen Krieg (1756–1763) befehligte er Kavallerietruppen in den Schlachten bei Prag 1757, Kolin 1757, im Feldzug in Mähren 1758, bei Hochkirch 1758 und Liegnitz 1760, wo er zum General der Kavallerie befördert wurde. In der Schlacht bei Torgau 1760 hatte er den Befehl über einen selbständigen Heeresteil, als er auch dann noch abwartete, während die vom König befehligten Heeresteile angriffen, wurde er von Friedrich II. später deshalb kritisiert. Hier offenbarte sich, daß Zieten wie auch andere Generäle der Armee Friedrichs II. wenig Entscheidungsbefugnisse hatte und auch keine eigenständigen Entschlüsse zu fassen wagte. Nach dem Krieg lebte Zieten zeitweise in Wustrau, er behielt sein Husarenregiment, bekam aber keine Inspektion. Friedrich II. beauftragte ihn wiederholt mit der Leitung von

Tafel 3

Kriegsgerichten über Generäle und Offiziere. Zieten war zweimal verheiratet und hatte zwei Töchter, er verstarb am 27.1.1786 in Berlin und wurde in Wustrau beigesetzt.

Zieten erschien immer in der Offiziersuniform seines Husaren-Regiments Nr. 2, aber mit dem Adlerflügel der Stabsoffiziere und Eskadronchefs an der Pelzmütze und dem Schwarzen Adlerorden auf dem Pantherfell.

Tafel 4 Der preußische Feldmarschall **Jakob (James) von Keith** wurde am 11.6.1696 auf Schloß Inverngie (Schottland) geboren. Er entstammte einem altschottischen Adelsgeschlecht; sein Vater war Wilhelm (William), Marschall-Lord Keith von Altree, die Mutter Lady Mary Drummond, Tochter des Earl of Perth.

42

Tafel 4

Der Lebensweg des jungen Keith vollzog sich im Spannungsfeld englisch-französisch-spanischer Gegensätze, in die im 17. und 18. Jahrhundert die einflußreichen schottischen Familien einbezogen waren. Er studierte zunächst in Edinburgh und Aberdeen, war an einem antienglischen Aufstandsversuch beteiligt, floh nach Frankreich, trat 1725 in spanische Dienste und nahm an der Belagerung von Gibraltar 1726 bis 1728 teil. Mit dem Herzog von Leyria reiste er nach Rußland und empfing dort ein Patent als russischer Generalmajor. Er nahm am Feldzug gegen die Türken 1737 bis 1739 teil und befehligte russische Truppen im siegreichen Krieg gegen Schweden 1741 bis 1743. 1747 wechselte er aus dem Zarendienst zum preußischen Militärdienst über und wurde Generalfeldmarschall, 1749 Gouverneur von Berlin. Seine vielseitigen praktischen Kriegserfahrungen und seine Kenntnisse

von den politisch-diplomatischen Verhältnissen an den Höfen europäischer Mächte machten ihn zu einem Vertrauten des preußischen Königs.

Keith gehörte zum Freundeskreis Friedrichs II. und unterhielt engere Beziehungen zu Generalleutnant Hans Karl von Winterfeldt. Er leitete Revuen der preußischen Armee bei Berlin und war Mitglied der Akademie der Wissenschaften. Zu Beginn des Siebenjährigen Krieges (1756–1763) erhielt Keith den Befehl über einen Teil der preußischen Armee und nahm an der Schlacht bei Lobositz 1756 teil. Von Friedrich II. wurde er beauftragt, Schweden aus der sich formierenden antipreußischen Koalition herauszuhalten; seine Verbindungen zum englischen und schwedischen Hof reichten aber nicht aus, diese Absicht zu verwirklichen. 1757/58 bekleidete Keith verschiedene Kommandos, in der Schlacht bei Roßbach 1757 führte er die Infanterie, im Feldzug in Mähren 1758 die Belagerungstruppen vor Olmütz. Keith fiel am 14. 10. 1758 während der Schlacht bei Hochkirch, wo er König Friedrich II. vergeblich davor gewarnt hatte, die Österreicher zu unterschätzen. Sein älterer Bruder George Earl Marshal of Scotland (1693–1778) war in diplomatischen Missionen für Friedrich II. tätig, von 1751 bis 1754 als Gesandter Preußens in Paris.

Keith, in den weiten dunklen Mantel gehüllt, ist als General an der Plumage des Hutes und am Schwarzen Adlerorden auf dem Mantel als höherer Truppenführer zu erkennen.

Tafel 5 Der preußische Generalleutnant **Hans Karl von Winterfeldt** wurde am 4. 4. 1707 in Vanselow bei Demmin (Pommern) geboren; sein Vater war Georg Friedrich von Winterfeldt, Erbherr verschiedener Güter, die Mutter Christine Elisabeth entstammte dem weitverzweigten Adelsgeschlecht der von Maltzahn. Der junge Winterfeldt trat 1721 als Standartenjunker in das preußische Kürassier-Regiment Nr. 12 ein, wurde 1722 Kornett und kam im selben Jahr zum Regiment des Königs (Infanterie-Regiment Nr. 6), was Sprungbrett für eine rasche weitere militärische Karriere war. Als Günstling des Königs Friedrich Wil-

Tafel 5

schen Aufträgen. Friedrich II. sandte ihn 1755 nach England, um die Westminsterkonvention 1756 vorzubereiten. Er gehörte zum Freundes- und Vertrautenkreis des Königs und war als eine Art Generalstabschef in die Pläne zur Auslösung des Siebenjährigen Krieges eingeweiht. 1756 war er Generalleutnant und Gouverneur der Festung Kolberg; im selben Jahr reiste er nach Karlsbad, um österreichische Kriegsvorbereitungen an Ort und Stelle zu erkunden. Er nahm an der Schlacht bei Prag 1757 teil und wurde am 7.9.1757 im Gefecht bei Moys in der Nähe von Görlitz schwer verwundet, dort starb er am 8.9.1757.

Die militärischen Ideen und Vorstellungen Friedrichs II. rasch erfassend, soll er zu Beginn des Jahres 1757 den Plan für den konzentrischen Einfall der preußischen Truppen in Böhmen entworfen haben. Die Begünstigung durch den preußischen König und die militärische Karriere brachten ihm Mißhelligkeiten am Hof und im Offizierskorps ein, zu seinen Widersachern gehörten neben Zieten auch Prinz Heinrich, der Herzog von Bevern und Graf Schmettau. Winterfeldt war mit Juliane Dorothea von Maltzahn verheiratet und hatte vier Kinder (frühzeitig verstorben).

In der Uniform seines Infanterie-Regiments Nr. 1, des ältesten Truppenteils der preußischen Armee (1615 errichtet) zeichnete Adolph Menzel den General Winterfeldt. Der blaue Uniformrock hatte rote Abzeichen und eine silberne Stickerei sowie ebenso eingefaßte Rabatten und Ärmelaufschläge. Hinzu kam die weiße Unterbekleidung. Die Kartenrollen auf dem Tisch weisen die Stabs- und Führungstätigkeit des Generals aus.

Tafel 6 Der preußische Generalfeldmarschall **Kurt Christoph Graf von Schwerin** wurde am 26.10.1684 in Löwitz bei Anklam geboren; sein Vater war Ulrich Graf von Schwerin, königlich schwedischer Regierungsrat in Vorpommern (damals zu Schweden gehörend) und Schloßhauptmann zu Stettin, die Mutter Anna Lukretia von Ramin. Der junge Schwerin besuchte 1698 die Niederlande, wurde 1699 als Student an der Universität Greifswald immatrikuliert und trat

helm I. und des Kronprinzen Friedrich (als König ab 1740 Friedrich II.) stieg Winterfeldt rasch im höfischen und militärischen Dienst auf. Er begleitete 1734/35 den Kronprinzen während des Polnischen Erbfolgekrieges am Oberrhein und wurde 1740 Major und Flügeladjutant bei Friedrich II. Bereits Friedrich Wilhelm I. hatte ihn 1731 an den Zarenhof entsandt und zu Werbungen in anderen Ländern abkommandiert, sein Sohn setzte diese Praxis von Sonderaufträgen fort.

Winterfeldt nahm am ersten und zweiten Schlesischen Krieg (1740–1742, 1744/45) teil und avancierte 1745 zum Generalmajor und 1756 zum Generalleutnant. In der Friedenszeit zwischen 1745 und 1756 befaßte sich Winterfeldt mit der Organisation und Ausbildung der Husaren – was zu Konfliktsituationen mit Zieten führte – sowie mit politisch-diplomati-

44

1700 in mecklenburgischen, 1701 mit dem Regiment in niederländischen Kriegsdienst. Er nahm an zahlreichen Schlachten des Spanischen Erbfolgekrieges (1701–1713) teil und avancierte in verschiedenen Kommandos bis zum Generalleutnant der Truppen von Mecklenburg-Schwerin. 1720 trat er zur preußischen Armee über und bekleidete als Vertrauter des Königs Friedrich Wilhelm I. politische und diplomatische Missionen in Polen und Sachsen sowie verschiedene militärische Funktionen; 1730 gehörte er dem Kriegsgericht an, das den Kronprinzen Friedrich und den Leutnant Hans Hermann von Katte zu verurteilen hatte. Friedrich II. beförderte ihn bei Herrschaftsantritt zum Generalfeldmarschall.

Zu Beginn des ersten Schlesischen Krieges (1740–1742) befehligte Schwerin einen Flügel des Heeres. Als in der Schlacht bei Mollwitz 1741 die preußische Kavallerie vom Kampfplatz floh, veranlaßte Schwerin den König, gleichfalls das Schlachtfeld zu verlassen; mit der gut ausgebildeten Infanterie besiegte Schwerin dann das österreichische Heer. Diese Handlungsweise dürfte mit ein Grund dafür gewesen sein, daß sich die engen Beziehungen zwischen Friedrich II. und Schwerin zeitweise lockerten. 1743 reiste Schwerin in politischer Mission nach Aachen. Im zweiten Schlesischen Krieg (1744/45) führte er 1744 preußische Truppen nach Böhmen und erzwang die Kapitulation von Prag, setzte aber dann gegen den Widerstand des Königs seinen Abgang aus der Armee durch. Die daraus entspringenden Spannungen dauerten mehrere Jahre, erst ab 1749 gehörte Schwerin wieder in den Kreis der Vertrauten des Preußenkönigs und wurde in Vorbereitungen des Siebenjährigen Krieges eingeweiht. 1756 rückte sein Korps von Glatz aus in Böhmen ein, zog sich jedoch im Herbst wieder in die schlesischen Winterquartiere zurück. 1757 vereinigte er sein Korps mit der Armee des Königs in der blutigen Schlacht bei Prag, wo er am 6. 5. 1757 fiel. Adolph Menzel hat in der Zeichnung festgehalten, wie Schwerin mit der Fahne in der linken Hand und mit dem Degen in der rechten auf dem Schlachtfeld dem Feind entgegengeht. Er war zweimal verheiratet, seine Kinder sind jung verstorben. Fried-

Tafel 6

rich II. betrachtete den Tod Schwerins als einen schweren Verlust für die Armee; er nahm den Neffen, Fähnrich Wilhelm Friedrich Karl Graf von Schwerin, als Flügeladjutant in sein Gefolge und beförderte ihn vorfristig zum Kapitän.

Schwerin gehörte zu dem kleinen Kreis preußischer Generale, die ihrer Zeit gemäß gebildet und dem Zeitgeist gegenüber aufgeschlossen waren. Durch zeitweise Dienste bei anderen Fürsten, in politisch-diplomatischen Missionen und auf Reisen hatten sie sich Kenntnisse und einen offenen Blick für das politische, geistige und kulturelle Leben im absolutistischen Europa erworben.

Auch Feldmarschall Schwerin ist in der Regimentsuniform (Infanterie-Regiment Nr. 24) – blauer Uniformrock mit roten Abzeichen, goldgestickten Schleifen und weißer Unterbekleidung – gezeichnet.

45

Tafel 7 **Friedrich Heinrich Ludwig Prinz von Preußen,** geboren am 18.1.1726 im Schloß zu Berlin, war ein jüngerer Bruder von Friedrich II. Er trat 1735 als Fähnrich beim Regiment des Königs (Infanterie-Regiment Nr. 6) ein, wurde 1739 Sekondeleutnant und 1740 Oberst und Chef des Infanterie-Regiments Nr. 35. König Friedrich II. sorgte sich um seine militärische Bildung und ließ ihn am ersten und zweiten Schlesischen Krieg (1740–1742, 1744/45) teilnehmen; 1742 in seinem Gefolge an der Schlacht bei Chotusitz, 1744 als Generaladjutant seines Bruders Ferdinand an der Belagerung von Prag und 1745 an den Schlachten bei Hohenfriedeberg und Soor; 1745 Generalmajor, 1751 Reisen in das Rheinland und nach Süddeutschland, 1755 Beginn des Baues des Palais des Prinzen Heinrich in Berlin, Unter den Linden, das Heinrich 1764 bezog (heute Humboldt-Universität). 1744 erhielt er von Friedrich II. Schloß Rheinsberg.

Während des Siebenjährigen Krieges (1756–1763) befehligte Prinz Heinrich selbständige Korps der preußischen Armee. Er nahm an der Besetzung Kursachsens teil sowie an den Schlachten bei Prag und Roßbach 1757 und avancierte 1758 zum General der Infanterie. Nach Genesung von einer Verwundung bei Roßbach übertrug ihm Friedrich II. den Befehl über preußische Truppen im Raum Halberstadt, 1758/59 gegen die Österreicher und die Reichsarmee in Sachsen, 1760 in Schlesien gegen die Russen und Österreicher und schließlich wieder in Sachsen. 1762 errang er gegen die schlecht geführte Reichsarmee und österreichische Truppen einen Sieg bei Freiberg/Sachsen. Prinz Heinrich zeigte sich – im Unterschied zu seinem Bruder Friedrich – als ein Meister einer hinhaltenden Kordon- und Manöverstrategie, mit der er wiederholt eine Vereinigung österreichischer, russischer und Reichstruppen verhinderte und einen Großteil der besetzten sächsischen Gebiete für Preußen behauptete. Auch im Bayerischen Erbfolgekrieg 1778/79 ging er nicht das Risiko einer verlustreichen Schlacht ein. Carl von Clausewitz charakterisierte die militärischen Aktionen Heinrichs als »fehlerfreie Feldzüge«.

Nach dem Siebenjährigen Krieg lebte Prinz Hein-

Tafel 7

rich vorwiegend im Schloß Rheinsberg und war wiederholt in diplomatischen Missionen tätig: 1770 bei der Schwester des preußischen Königs und schwedischen Königin Ulrike und danach bei der russischen Zarin Katharina. Er wirkte aktiv an der Vorbereitung der ersten Teilung Polens mit. In Rheinsberg war er Mittelpunkt von Militärs und Politikern des preußischen Adels, die Friedrich II. aus persönlichen Rivalitätsgründen kritisch-skeptisch gegenüberstanden. Nach 1784 hielt er sich häufig in Paris auf und strebte – auch nach der Französischen Revolution – ein Bündnis mit Frankreich an. 1795 unterstützte er den Abschluß des Baseler Friedens. Prinz Heinrich verstarb am 3.8.1802 in Rheinsberg. Er war mit Wilhelmine, Prinzessin von Hessen-Kassel verheiratet, die Ehe blieb kinderlos.

Prinz Heinrich ist hier mit einem pelzbesetzten

Rock dargestellt. Als Chef des Füsilier-Regiments Nr. 35 trug er sicher sonst meist dessen blaue Uniform mit gelben Abzeichen und gelber Unterbekleidung. Adolph Menzel plaziert ihn mit Bedacht vor eine Karte – signifikant, um Prinz Heinrich als überlegenen und abwägenden Feldherrn-Theoretiker zu zeigen.

Tafel 8 **Friedrich Wilhelm Freiherr von Seydlitz** war einer der berühmtesten Reitergenerale Preußens. Er wurde am 3.2.1721 in Kalkar am Niederrhein geboren. Sein Vater, Daniel Florian von Seydlitz, war Rittmeister in einem preußischen Kürassierregiment, die Mutter, Luise Tugendreich, entstammte der Adelsfamilie von Ilow. Als Angehörigem des weitverzweigten Geschlechts der von Seydlitz, die über Generationen hinweg den brandenburgisch-preußischen Herrschern Offiziere gestellt hatten, öffnete sich dem jungen Friedrich Wilhelm eine vielversprechende militärische Karriere. 1734 trat er in den Pagendienst beim Markgrafen Friedrich Wilhelm von Schwedt, dem »wilden Markgrafen«, bei dem er eine gründliche Schule des Reitens durchlief. Der Überlieferung nach gehörte dazu auch der Ritt durch die sich drehenden Flügel einer Windmühle. 1740 trat er als Kornett in das Kürassierregiment des Markgrafen ein, nahm am ersten Schlesischen Krieg (1740–1742) teil, kam dabei kurzzeitig in österreichische Gefangenschaft und wurde 1743 Eskadronschef in einem Husarenregiment. Im zweiten Schlesischen Krieg (1744/45) war er an den Schlachten bei Hohenfriedeberg 1745 und Soor 1745 sowie an einer Reihe von Gefechten beteiligt und avancierte zum Major, 1752 zum Oberstleutnant und 1755 zum Oberst. In den Friedensjahren zwischen 1745 und 1756 widmete er sich als Kommandeur eines Dragoner- und danach eines Kürassierregiments der Organisation und Ausbildung der Kavallerie. Diese praktischen Kenntnisse und Erfahrungen sowie ein Blick für das rasche Fassen von Entscheidungen bei den Handlungen der Kavallerie machten ihn im Siebenjährigen Krieg (1756–1763) zu einem Kavallerieführer, der einen hohen Ruf sowohl in der

Tafel 8

preußischen wie auch in anderen Armeen erwarb. Er nahm an vielen Schlachten dieses Krieges teil, wo er meist die Kavallerieflügel der Armee führte. Bei Kolin 1757 beförderte ihn Friedrich II. zum General, bei Roßbach 1757 entschied der zügig geführte massierte Kavallerieangriff den Sieg der Preußen. Seydlitz verhinderte 1758 in der Schlacht bei Zorndorf durch seine Kavallerieattacken einen russischen Sieg und deckte nach dem gelungenen österreichischen Überfall auf die preußische Armee bei Hochkirch 1758 den verlustreichen Rückzug der Armee Friedrichs II. Bei Kunersdorf 1759 verwundet, übernahm er das Kommando über die preußischen Truppen in der Mark Brandenburg.

Nach der Genesung kehrte er 1761 zur Feldarmee zurück und hatte Anteil am Sieg über die Reichsarmee in der Schlacht bei Freiberg 1762.

47

Seit 1763 war Seydlitz Inspekteur der schlesischen Kavallerieregimenter und sorgte sich hier um die Auswertung der militärischen Erfahrungen des Krieges, wobei er den Hauptwert auf die schlachtentscheidende Attacke legte, wofür die Kavallerie in erster Linie ausgebildet wurde. Seydlitz war einer der bedeutendsten Organisatoren und Taktiker der preußischen Kavallerie, seine Ausbildungs- und Einsatzprinzipien wurden teilweise von anderen europäischen Armeen übernommen. Er starb am 8.11.1773 in Ohlau (Schlesien).

Seydlitz war mit Susanne Johanna Albertina Gräfin von Hacke, einer Tochter des preußischen Generals Hans Christoph Friedrich Graf von Hacke, verheiratet und hatte zwei Töchter. Er besaß lange Zeit die Protektion Friedrichs II. und war für seine Kühnheit wie auch für seine amourösen Abenteuer bekannt, er stand bei manchen Hofdamen als »schöner Mann« in besonderer Gunst. Adolph Menzel stellt ihn beim Besteigen seines Pferdes dar, Seydlitz war wie die Offiziere seines Kürassier-Regiments Nr. 8 uniformiert.

Tafel 9

Tafel 9 **Wilhelm Sebastian von Belling** wurde am 15.2.1719 in Paulsdorf (Ostpreußen) geboren; er entstammte einer alten preußischen Soldatenfamilie, sein Vater war der preußische Oberstleutnant Johann Abraham von Belling, die Mutter Katharina war eine geborene von Kospoth. Wilhelm Sebastian trat 1734 in das Kadettenkorps in Berlin ein, kam 1737 als Fähnrich zum Garnisons-Bataillon Nr. 3 und wurde 1739, als unter König Friedrich Wilhelm I. die Husareneinheiten vermehrt wurden, zu den Husaren versetzt. Er nahm am ersten und zweiten Schlesischen Krieg (1740–1742, 1744/45) teil und avancierte vom Leutnant zum Rittmeister und Eskadronchef (1746).

Während des Siebenjährigen Krieges (1756–1763) entwickelte sich Wilhelm Sebastian zu einem fähigen Husarenkommandeur, der es verstand, die leichte Kavallerie wirkungsvoll zu führen und außerhalb der rangierten Linearordnung wie in der Schlacht selbst mit Erfolg einzusetzen. Er nahm an den Schlachten bei Prag und Kolin 1757, Kunersdorf 1759 und Freiberg 1762 teil und führte mit seinen Husaren Streifzüge nach Böhmen durch: 1760/61 kämpfte er mit nur 2000 Mann auf dem nördlichen Kriegsschauplatz gegen die fast 15000 Mann starken Schweden. Hier nahmen Bellingsche Husaren 1760 den schwedischen Kornett Gebhard Leberecht von Blücher gefangen, der zu den preußischen Husaren übertrat und im Dienste Preußens Feldmarschall wurde.

Nach 1763 rückte das von Belling befehligte Husarenregiment in hinterpommersche Garnisonorte ab, Belling war an den Aktionen zur 1. Teilung Polens beteiligt und wurde, da die Disziplin der ihm unterstellten Kavallerie viele Mängel zeigte, von Friedrich II. 1772 des Kommandos enthoben, er behielt aber den lukrativen Getreideankauf in den besetzten polnischen Gebieten. 1778/79 nahm er als Generalleutnant (seit 1776) am Bayerischen Erbfolgekrieg teil und erhielt den Orden vom Schwarzen Adler. Belling verstarb am 28.11.1779 in Stolp (Hinterpommern).

Adolph Menzel zeichnete Belling zu Recht als verwegenen Husarenführer vor ziehender Kavallerie im Hintergrund. Er trug die Uniform seines Regiments Nr. 8 mit krapprotem Dolman und Pelz, jeweils mit silberner Verschnürung.

Tafel 10 **Ferdinand Herzog zu Braunschweig und Lüneburg** wurde am 12.1.1721 in Wolfenbüttel geboren; sein Vater war Herzog Ferdinand Albert, Reichsgeneralfeldmarschall, die Mutter Antoinette Amalie, Prinzessin von Braunschweig-Wolfenbüttel. Die Herzöge von Braunschweig-Lüneburg unterhielten seit langem Kontakte zum preußischen Herrscherhaus, so war es kein Zufall, daß Ferdinand, nachdem er auf Wunsch des preußischen Königs Friedrich Wilhelm I. in den Johanniter-Orden aufgenommen war, 1740 von Friedrich II. zum Oberst ernannt und Chef des Füsilier-Regiments Nr. 39 wurde.

Nach 1740 stieg Ferdinand im preußischen Kriegsdienst rasch empor, zumal auch König Friedrich II. im Krieg gegen Österreich die kleineren norddeutschen Herrscherhäuser mit ihren Verbindungen zu Frankreich und England auf seine Seite zu ziehen trachtete. Ferdinand nahm am ersten und zweiten Schlesischen Krieg (1740–1742, 1744/45) teil, wurde 1744 Kommandeur des I. Bataillons Garde – eine hohe repräsentative Funktion in der preußischen Armee – und avancierte 1750 zum Generalleutnant. 1752 war er kurzzeitig Gouverneur von Peitz, 1755 Chef des Infanterie-Regiments Nr. 5 und Gouverneur der Festung Magdeburg, deren Werke er weiter verstärken ließ. Während des Siebenjährigen Krieges (1756–1763) zeigte sich Ferdinand als ein begabter Heerführer. 1756/57 führte er preußische Truppen nach Böhmen und nahm an den Schlachten bei Lobositz, Prag und Roßbach teil. Als sich für Friedrich II. die militärische Lage auf dem westlichen Kriegsschauplatz zwischen Rhein, Weser und Elbe komplizierte, übernahm Ferdinand Ende November 1757 den Befehl über die dort

Tafel 10

operierenden preußischen Truppen und die Kontingente der mit Preußen verbündeten norddeutschen Kleinstaaten Braunschweig, Hessen u. a. Hier wurde er vor allem mit Problemen der Koalitionskriegführung konfrontiert, zumal hier auch hannoveranisch-englische Truppen kämpften. In den Schlachten bei Krefeld 1758, Minden 1759, Vellinghausen 1761, Wilhelmsthal 1762 und in mehreren kleineren Treffen gelang es ihm, die französischen Armeen zurückzudrängen und die Gebiete zwischen Rhein und Weser zu behaupten.

1763 kehrte Ferdinand nach Magdeburg zurück und übernahm wieder das Gouvernement über die Festung und den Befehl über sein Regiment, das fortan »Alt-Braunschweig« hieß. Drei Jahre später legte er seine Ämter nieder: die Ursache dazu boten Differenzen mit Friedrich II., die bereits während des Sieben-

49

jährigen Krieges um die Zweckmäßigkeit bestimmter Operationen aufgebrochen waren. In einem gewissen Gegensatz zum preußischen König, der seine Armee mit hoher Risikobereitschaft einsetzte, verhielt sich Ferdinand abwägender und ging nicht in jedem Falle das Risiko einer verlustreichen Schlacht ein (wie Prinz Heinrich von Preußen, der Bruder Friedrichs II.). Ferdinand lehnte Angebote, in österreichische und englische Dienste zu treten ab, mehrere Auslandsreisen führten ihn in die Niederlande. Die Universität Göttingen ernannte ihn 1768 zum Ehrendoktor. Am 3.7.1792 verstarb er unverheiratet und kinderlos in Braunschweig.

Der berühmte preußische Militärtheoretiker Carl von Clausewitz schätzte Ferdinand als siegreichen Feldherrn einer aus unterschiedlichenKontingenten zusammengesetzten Armee. Adolph Menzel hat auch den Braunschweiger Herzog in dem, zwar zusammengeknöpften, blauen Uniformrock seines Infanterie-Regiments Nr. 5 mit gelben Abzeichen und goldgestickten Schleifen sowie gelber Unterbekleidung wiedergegeben.

Tafel II **Friedrich Eugen Herzog von Württemberg** wurde am 21.1.1732 in Stuttgart geboren; sein Vater war Herzog Karl Alexander von Württemberg, die Mutter Marie Auguste eine Prinzessin von Thurn und Taxis. Friedrich Eugen war zunächst für die geistliche Laufbahn bestimmt, schlug aber eine militärische Karriere ein, wobei ihm sein Vater Rang und Amt in der kaiserlichen Armee verschaffte, so 1743 ein Patent als kaiserlicher Oberst und 1746 ein Patent als Obrist über ein Dragonerregiment der Truppen des Schwäbischen Reichskreises. Mit seinen Brüdern Karl Eugen und Ludwig kam Friedrich Eugen 1741 an den Hof des Preußenkönigs Friedrich II. und wurde 1749 Oberst und Chef des preußischen Dragoner-Regiments Nr. 12. Friedrich II. suchte politisch-militärische Verbindungen zu Württemberg, um diesen Territorialstaat dem Einfluß der Habsburger zu entziehen und vergab daher Ränge und Dienststellungen an württembergische Prinzen. Gleichzeitig avancierte Fried-

Tafel II

rich Eugen mit Genehmigung Friedrichs II. zum Generalmajor im Schwäbischen Kreis (1752).

Während des Siebenjährigen Krieges (1756–1763) bekleidete er verschiedene Kommandos; er wurde Ende 1756 zum Generalmajor ernannt, ein Jahr später zum Generalleutnant und nahm an den Schlachten bei Prag und Leuthen 1757 teil, deckte beim Feldzug in Mähren 1758 die linke Flanke der Armee Friedrichs II. und befehligte in der Schlacht bei Hochkirch 1758 Kavallerietruppen. In der blutigen Schlacht bei Kunersdorf 1759 wurde er schwer verwundet und übernahm nach Genesung den Befehl über die preußischen Truppen in der Uckermark und in Vorpommern gegen die Schweden. Als sich russische und österreichische Truppen im Oktober 1760 Berlin näherten, versuchte er mit schwachen Kräften vergeblich, diesen Vorstoß aufzuhalten und Berlin zu verteidigen. In der Schlacht bei Torgau Anfang November 1760 wurde er erneut schwer verwundet. 1761 befehligte er die preußischen Truppen in Kolberg, konnte aber den Fall dieser Festung im Dezember 1761 nicht verhindern. Auf seine Initiative kam im April 1762 ein Waffenstillstand mit Schweden zustande, wodurch sich die kritische Lage Preußens und seiner Armee auf dem nördlichen Kriegsschauplatz entspannte. Friedrich Eugen kam zur Hauptarmee Friedrichs II. in Schlesien und entschied als Kavallerieführer das Gefecht bei Reichenbach 1762 zugunsten der Preußen. Während des Krieges hatte sich der Prinz als ein geschickter Befehlshaber der Kavallerie erwiesen. Friedrich Eugen schied 1769 aus dem preußischen Militärdienst aus und kehrte nach Württemberg zurück. Dort wurde er Generalfeldmarschalleutnant im Schwäbischen Kreis, Inhaber eines Dragonerregiments und Statthalter von Mömpelgard (Monbéliard).

Als die Wellen der französischen Revolution 1791 auch das Gebiet Mömpelgard erreichten, kehrte Friedrich Eugen in preußische Dienste zurück und wurde von König Friedrich Wilhelm II. zum Gouverneur von Ansbach und Bayreuth ernannt und zum Generalfeldmarschall befördert. 1795 trat er die Herrschaft in Württemberg als Herzog Friedrich I. an, kämpfte auf österreichischer Seite gegen Frankreich und verstarb am 22.12.1797 zu Hohenheim. In den wenigen Regierungsjahren war Württemberg Kriegsschauplatz des 1. Koalitionskrieges. Friedrich Eugen hatte 12 Kinder, von seinen acht Söhnen traten sieben in preußische, russische, österreichische und dänische Dienste, eine Tochter heiratete Kaiser Franz II., eine andere den russischen Zaren Paul I.

Ähnlich wie Prinz Heinrich von Preußen trug auch der Herzog von Württemberg mit dem hier gezeichneten Pelz ein nicht vorschriftsmäßiges Bekleidungsstück zur Uniform. Zu erkennen ist aber die Uniform seines Dragoner-Regiments Nr. 12 mit blauem Uniformrock mit silbernen Schleifen. Die schwarze Abzeichenfarbe und die gelbe Unterbekleidung belegen die württembergische Herkunft des Regimentschefs.

Tafel 12

Tafel 12 Der aus einer Hugenottenfamilie stammende preußische General **Ernst Heinrich August de la Motte-Fouqué** *wurde am 4.2.1698 in Den Haag (Niederlande) geboren. Er trat 1706 in den Pagendienst beim Fürsten Leopold von Anhalt-Dessau und nahm 1715 am Feldzug des preußischen Heeres in Vorpommern teil, 1715 wurde er auch Fähnrich beim Infanterie-Regiment Nr. 3. Bis zum Übertritt in dänische Dienste 1739 avancierte er zum Major, Friedrich II. rief ihn 1740 wieder in die preußische Armee zurück. Während des ersten und zweiten Schlesischen Krieges (1740–1742, 1744/45) bekleidete Fouqué verschiedene Kommandos; 1743 Kommandant der Festung Glatz, 1744 Chef des Infanterie-Regiments Nr. 33, 1751 Beförderung zum Generalleutnant. Im Siebenjährigen Krieg (1756–1763) nahm er an der Schlacht bei Prag 1757 teil und führte nach dem Tode von General-*

feldmarschall Schwerin den linken Flügel des Heeres. Er befehligte preußische Truppen in den Gefechten bei Moys 1757 und Landshut 1757 und sicherte mit seinem Korps 1758/59 Oberschlesien gegen die zahlenmäßig überlegenen Österreicher. In der verlustreichen Schlacht bei Landshut 1760 geriet er in österreichische Gefangenschaft, aus der er erst nach Friedensschluß 1763 zurückkehrte. Bei seiner Gefangennahme erbeuteten die Österreicher eine Kopie der Schrift Friedrich II. »General-Principia vom Kriege«. Friedrichs II. setzte ihn 1763 wieder als Kommandant von Glatz und Gouverneur der Grafschaft Glatz ein, hatte ihn aber bereits 1760 als Domprobst zu Brandenburg bestätigt. Fouqué schied bald aus dem Militärdienst aus, auf Grund einer Verwundung war er an den Rollstuhl gefesselt. Er galt als ein fähiger Taktiker; Carl von Clausewitz kritisierte ihn jedoch ob der bei Landshut 1760 angewandten Taktik, die seine Truppen in eine »Katastrophe« geführt hatte. Fouqué starb am 3.5.1774 in Brandenburg. Er war verheiratet und hatte sechs Kinder, die drei Söhne traten gleichfalls in preußische Armeedienste. Sein Enkel, der romantische Dichter Friedrich Heinrich Freiherr de la Motte-Fouqué, gab 1824 die Memoiren des preußischen Generals heraus.

Menzel zeichnete ihn in der Uniform seines Füsilier-Regiments Nr. 33, d. h. mit blauem Uniformrock und entsprechenden weißen Abzeichen sowie mit weißer Unterbekleidung.

Tafel 13

2.
Heerschau der Soldaten Friedrichs des Großen

Tafel 13 Titelbild König Friedrich der Große
Friedrich II. von Preußen gibt hier, während er nach links reitet, einem heransprengenden Offizier des Husaren-Regiments Nr. 2 Anweisungen. Die Geste mit dem Krückstock ist unmißverständlich.

Der König trug eine Bekleidung nach seinem Geschmack und seinen Bedürfnissen. Als Kopfbedek-kung diente ihm ein schwarzer Filzhut mit Plumage, aber ohne Tressenbesatz. Die linke Vorderseite des Hutes schmückte eine schwarzseidene Schleife mit silbernem Kordon und Knopf. Meist war Friedrich II. mit dem Interimsrock des I. Bataillons Garde zu sehen. Bei diesem Hauptbekleidungsstück handelte es sich um einen blauen, rotgefütterten und enganliegenden Uniformrock mit silbernen halbkugelförmigen Knöpfen. Der schmale Kragen und die umgeschlagenen und zusammengehakten Schöße waren ebenfalls rot. Auf der linken Brustseite befand sich der silbergestickte Stern des Schwarzen Adlerordens. Von der rechten Schulter fiel das mit einem silberge-

52

flochtenen Achselstück verbundene Achselband aus gleichem Material, das in silberne Hülsen endete. Um den Leib war die schwarzsilberne Schärpe – ein Standes- und Rangzeichen aller Offiziere – geschlungen.

Weiterhin gehörten die schwarze Halsbinde, ein nur an den Ärmeln hervorragendes weißes, reich besticktes Hemd, die hier ebenfalls nicht sichtbare gelbe Tuchweste und eine schwarze Überhose, darunter die gelbe Hose sowie hohe, ursprünglich schwarze, dann rotbraun werdende Stiefel aus Rindsleder zur militärischen Bekleidung des Monarchen. Um die Knie waren weiße Leinwandstreifen gelegt – die Stiefelmanschetten. Die Hände schützten gelblederne Stulpenhandschuhe.

Zur Bewaffnung und Ausrüstung des Königs: Die Schabracke und die Schabrunken waren in einer roten Grundfarbe gehalten und sehr reich silbergestickt. Vorn am Sattel führte der König ein Paar Pistolen mit sich. Des weiteren war er mit dem Infanterieoffiziersdegen bewaffnet. Für diesen Degen mit einfachem vergoldetem Gefäß mit Bügel und Stichblatt ist eine Gesamtlänge von 1,03 m und eine Länge der Klinge von 84,8 cm angegeben. Auf der Quartseite der Klinge führte ein eingelegtes schmales Messingband die Devise »PRO GLORIA ET PATRIA«. Der Degen steckte in einer braunen Lederscheide. Natürlich fehlte am Degen auch nicht das silberne, schwarz durchwirkte Portepee als ein weiteres wichtiges Standes- und Rangabzeichen der Offiziere. Unbedingt zum Bild des Königs gehörte der Krückstock aus spanischem Rohr mit goldener, emaillierter Krücke und einem schwarzseidenen Stockband.

Während der rechts abgebildete Offizier – nach dem Alter ein Stabsoffizier – nicht näher zu bestimmen ist, handelt es sich links um einen subalternen Offizier des Husaren-Regiments Nr. 2. Der an der Pelzmütze befindliche Reiherbusch kennzeichnet ihn als solchen, denn die Stabsoffiziere und Eskadronschefs dieses ausgezeichneten Truppenteils führten Adlerflügel.

Tafel 14 **Infanterie-Regiment Nr. 13, Musketiere**
Diese Musketiere wurden von Adolph Menzel in einer nicht häufig vorkommenden Handlungsart abgebildet. Typische Infanterietaktik im 18. Jahrhundert war vielmehr der Kampf in der Aufstellung starrer, enggeschlossener, flachgegliederter Linien und noch nicht das zerstreute Gefecht. Im Vordergrund dieser Lineartaktik standen also nicht die Treffgenauigkeit, sondern die schnell und perfekt abgefeuerten Salven der langsam vorrückenden Peletons der Bataillone..

Das dargestellte Regiment selbst – im Jahre 1686 aus französischen Flüchtlingen (Hugenotten) errichtet – galt als eins der ältesten und zuverlässigsten Infanterietruppenteile der preußischen Armee. In den Schlesischen Kriegen focht das Infanterie-Regiment Nr. 13 in den Schlachten bei Mollwitz, Hohenfriedeberg, Soor (immer auch die Grenadiere), Kesselsdorf, Lobositz, Prag (auch Grenadiere), Kolin (nur Grenadiere), Roßbach (auch Grenadiere), Leuthen, Hochkirch, Kay, Kunersdorf (beide Male nur die Grenadiere), Torgau und Burkersdorf. Bei Liegnitz war das Regiment nur anwesend.

1806 ging das Regiment im Gefolge der Niederlagen von Jena und Auerstedt unter: das 1. Bataillon kapitulierte mit bei Prenzlau am 28. Oktober, das 2. Bataillon ging bei Pinnow am 4. November in Gefangenschaft und das 3. Bataillon in Stettin am 29. Oktober. Bei diesen 3. Bataillonen handelte es sich um Ersatzformationen zu vier Musketierkompanien.

Das Infanterie-Regiment Nr. 13 lag in Berlin (Friedrichswerder) in Garnison, und sein Kanton befand sich in der Mark Brandenburg (im folgenden nur Mark genannt). Es wurden aber auch Nichtpreußen ins Regiment gepreßt, so der Schweizer Ulrich Bräker, der »arme Mann im Tockenburg«. Eine kurze Zeit hatte das Regiment einen hohen Chef erhalten, denn vor allem aus politischen Rücksichten gab Friedrich II. seinem eifrigen Bewunderer und Nachahmer in vielen Äußerlichkeiten der Uniformierung, Zar Peter III. von Rußland, die Chefstelle. Um das Regiment dementsprechend auszuzeichnen, erhielten seine Offiziere silberne Achselbänder.

Tafel 14

Zuge der Truppenverstärkungen des Jahres 1740 kam das von der Gewehrfabrik Potsdam-Spandau neu entwickelte Gewehr M 1740 (ungefähr 11 cm kürzer) in die Truppe, da nun auch körperlich kleinere Rekruten eintreten mußten. Außerdem wurden aus gekürzten Gewehren M 1723 die umgearbeiteten Gewehre M 1723/40. Schließlich folgte noch in der Regierungszeit Friedrichs II. ab 1773 das Gewehr 1740/73, bei dem der zylindrische einen konischen Ladestock ersetzte.

Tafel 15 Infanterie-Regiment Nr. 18/I. Bataillon Garde/Grenadier-Garde-Bataillon, Offiziere
Eindrucksvoll charakterisierte Adolph Menzel mit dieser Zeichnung das Erscheinungsbild bestimmter Vertreter des preußischen Offizierskorps. Der links abgebildete, behäbige Offizier gehört zum Infanterie-Regiment Nr. 18. Dieser Truppenteil war 1698 als Bataillon Grenadier-Garde entstanden. Er zählte zwar nicht mehr zur Garde, war aber weiterhin dadurch exklusiv, daß seine Chefs von 1742 bis 1757 immer die jeweiligen Thronfolger waren. Das Regiment bekam seinen Kanton in der Mark zugeteilt, und es lag bis zum Kriegsausbruch 1756 u. a. in Spandau, Strausberg, Alt-Landsberg und Oranienburg sowie ab 1763 in Potsdam in Garnison.

Die Angehörigen des Truppenteils kämpften in den Schlesischen Kriegen bei Hohenfriedeberg, Soor, Kesselsdorf, Prag, Breslau, Leuthen, Zorndorf, Hochkirch, Liegnitz, Torgau und Burkersdorf. Genau waren es bei Soor nur die Grenadiere, bei Leuthen ein Bataillon und die Grenadiere sowie bei Hohenfriedeberg, Breslau, Hochkirch und Torgau zusätzlich noch die Grenadiere. Außerdem waren Regiment und Grenadiere bei Liegnitz anwesend. Die Beteiligung an den Kapitulationen von Prenzlau (28. Oktober) und Spandau (5. Bataillon am 25. Oktober) führten zur Auflösung des Truppenteils, der ab 1797 als Regiment des Königs bezeichnet worden war.

Der Offizier in der Bildmitte vertritt das I. Bataillon Garde (vom Regiment Garde, der Nr. 15 der Stammliste; siehe auch den Text zu Tafel 40), dessen Chef Friedrich II. selbst war. Der ältere tabakschnupfende

Bei der Uniformierung der Regimentsangehörigen waren am Uniformrock der Kragen, die Rabatten und die Ärmelaufschläge in einem besonders lichthellem Paille gehalten, ebenso die Weste und die Beinkleidung sowie der Hutpuschel. Weiter hatte der Uniformrock der Mannschaft rote Schoßumschläge, weiße Knöpfe und als zusätzliche Verzierung zehn weiße Schleifen mit Puschel.

Die preußischen Infanteristen waren mit Steinschloßgewehren, Düllenbajonetten und Infanteriesäbeln M 1715 (es gab einige Ausnahmen) bewaffnet. Im Bestand der Infanterie gab es zunächst das Infanteriegewehr M 1723 mit einer Länge von etwa 1,55 m. Im

Tafel 15

stumpfen roten Futterboy für die Mannschaftsuniformen wurden auf die Infanterie insgesamt umgelegt, d.h. verteilt.

Die Uniform der Offiziere dieser drei bevorzugten Truppenteile war reich verziert: Nr. 18 mit insgesamt 30 silbernen Schleifen mit Troddeln, Nr. I/15 mit 36 silbernen Schleifen, einem silbernen Achselband und weißer Plumage am Hut und Nr. 6 mit 38 goldenen Schleifen auf den Uniformröcken, davon je vier allein auf dem Ärmelpatten.

Die spezifischen Dienstgrade ließen sich in jener Zeit an der Uniform noch nicht erkennen. Die Offiziere des betreffenden Regiments kannten sich, und sonst half ein Schätzen des Lebensalters, da ja vor allem nach dem Dienstalter befördert wurde.

Alle drei Offiziere führen den Infanterieoffiziersdegen und den Offiziersstock.

Tafel 16 Infanterie-Regiment Nr. 21, Musketiere, Tambour und Unteroffizier

Irrtümlich hatte Adolph Menzel den Tambour dem Infanterie-Regiment Nr. 19 zugeordnet (auch im Armeework). Doch für jenes Regiment war die Tambourborte am Uniformrock orange-weiß festgelegt, während sie beim Regiment Nr. 21 – wie zu sehen ist – gelb-weiß war. Außerdem trugen die Tamboure vom Regiment Nr. 19 blaue und die von Nr. 21 rote Schwalbennester an den Rockärmeln. Die Trommeln waren recht groß und etwa einen halben Meter hoch. Meist stimmten die Farben der hölzernen Trommelreifen mit denen des Bortenbesatzes der Uniform überein. Die Tamboure trugen die Trommel an einem breiten Bandelier, und Schoßleder schützte die Beinkleidung.

Adolph Menzel hat hier eine Szene dargestellt, in der eine Truppe alarmiert wird. Die Musketiere stürzen zuerst zu ihren zu einer Pyramide zusammengestellten Gewehren. Diese wurden in den Lagern vor Nässe durch sogenannte Gewehrmäntel – kegelförmige, zeltartige Gebilde aus grauem Zwillich mit blauem Leinwandbesatz und oft auch aufgemalten Regimentsnamen – geschützt. Dann sammelten sich

Offizier auf der rechten Seite kommt aus dem Grenadier-Garde-Bataillon (Nr. 6 der Stammliste, siehe auch den Text zu Tafel 35). Dieses Bataillon ging aus der Potsdamer Riesengarde der »Langen Kerls« König Friedrich Wilhelms I. von Preußen hervor.

Alle drei Offiziere zeigen sich in einer außerordentlich prächtigen Uniform. Insbesondere die Farbe Rosa für das Rockfutter und für die Abzeichen (Kragen, Rabatten und Ärmelaufschläge) der Uniformröcke des Infanterie-Regiments Nr. 18 erwies sich als sehr teuer. Nur noch die Infanterie-Regimenter Nr. 31 und Nr. 40 führten diese Farbe. Die höheren Kosten gegenüber dem sonst üblicherweise verwendeten

Tafel 16

In den Schlesischen Kriegen war das Infanterie-Regiment Nr. 21 in den Schlachten von Mollwitz, Hohenfriedeberg, Soor, Kesselsdorf, Lobositz, Kolin, Roßbach, Leuthen, Hochkirch, Kunersdorf und Torgau ganz oder zum Teil eingesetzt. Bei Mollwitz, Soor, Leuthen und Hochkirch nahmen nur die Grenadiere, bei Roßbach nahm nur ein Bataillon und bei Hohenfriedeberg das Regiment, d. h. die Musketierkompanien und die Grenadiere, teil. In der verlorenen und verlustreichen Schlacht bei Kolin war es fast untergegangen. Seine Geschichte endete mit der Kapitulation von Prenzlau (28. Oktober 1806) und Magdeburg (hier das 3. Bataillon am 11. November).

Tafel 17 **Infanterie-Regiment Nr. 22, Tambour, Musketier und Offizier**

Dieses Infanterie-Regiment Nr. 22 war im Jahre 1713 in Brandenburg (an der Havel) formiert worden. Es lag aber dann in Stargard (Pommern) in Garnison. Städte und Kreise dieser Provinz des Königreiches Preußen bildeten den Kanton.

Das sogenannte Kantonsystem – Mitte des Jahres 1733 eingeführt – war notwendig geworden, weil bei der ständigen Vergrößerung der preußischen Armee die Rekrutierung sich als immer schwieriger und die Werbung in den nichtpreußischen Gebieten als stets kostspieliger erwiesen hatte. Das Kantonsystem erhöhte zudem die Zuverlässigkeit der Truppen. Außerdem brachte es den Regimentschefs und den Inhabern der Kompanien zusätzliche wirtschaftliche Vorteile. In den Jahren von 1741 bis 1760 nahm übrigens ein Sohn des »alten Dessauers«, Fürst Moritz von Anhalt-Dessau, die Chef-Stelle im Regiment ein.

Das Infanterie-Regiment Nr. 22 kämpfte in allen drei Schlesischen Kriegen, d. h. in den Schlachten bei Mollwitz, Hohenfriedeberg, Kesseldorf, Lobositz, Prag, Kolin, Roßbach, Leuthen, Zorndorf, Kay, Kunersdorf und Torgau. Bei Mollwitz waren es ein Bataillon und die Grenadiere. Letztere fochten mit dem Regiment bei Hohenfriedeberg, Kesselsdorf und

die Musketiere um ihre Unteroffiziere. Der abgebildete Unteroffizier hält, deutlich sichtbar, sein Rangabzeichen in der Hand – das Kurzgewehr. Es ist hier ein Kurzgewehr neuer Art, das nach 1755 eingeführt wurde und regimentsweise unterschiedlich lang war.

Das Infanterie-Regiment Nr. 21 war im Jahre 1713 aus Mannschaften bis dahin in holländischem Dienst befindlichen Truppenteilen gebildet worden. Der Etat eines derartigen preußischen Infanterieregiments ist für das Jahr 1743 in der Einführung angegeben. Es lag dann in Halberstadt und Quedlinburg in Garnison. Aus dieser Gegend stammt auch überwiegend der Mannschaftsersatz des Regiments.

schen wurden ab 1744 eingeführt. Allerdings blieben die weißen Gamaschen bis nach 1763 in Gebrauch. Der Uniformrock des Musketiers in der Bildmitte weist 10 weißorange gestreifte spitze Schleifen sowie gleichfarbige Borten um die Ärmelaufschläge auf.

Beim Tambour im Hintergrund sind der für die Spielleute charakteristische Bortenbesatz (hier weiße Borten) an den Rockärmeln und auf den blauen Schwalbennestern noch zu erkennen.

Bei der Uniformierung des von links herankommenden Offiziers ist auf seine Rang- oder besser Standesabzeichen hinzuweisen. Dies wären die Schärpe, der Stock, der Infanterieoffiziersdegen mit dem schwarzsilbernen Portepee und vor allem der Ringkragen. Bei diesem letzten Überbleibsel des mittelalterlichen Harnisches handelte es sich um eine silberne Platte mit einer vergoldeten Mitteltrophäe und darin ein Stück Emaille, auf der sich meist ein stilisierter schwarzer Adler und der Namenszug des Monarchen befand. Den Uniformrock des Offiziers zierten insgesamt 28 goldgestickte Schleifen. Dieser Uniformrock wurde von den Offizieren beim Fußdienst nicht mit umgeschlagenen Rockschößen getragen; dies war eigentlich nur bei den Stabsoffizieren üblich, wenn sie zu Pferde vor der Truppe erschienen.

Tafel 18 Reitendes Feldjäger-Korps, Feldjäger/Infanterie-Regiment Nr. 27, Grenadiere

Im Hintergrund der Abbildung überreicht ein Feldjäger zu Pferde einem Stabsoffizier ein Schreiben. Diese reitenden Feldjäger versahen Dienst als Kuriere, aber auch als Kolonnenführer und Fouriere bei der Bagage der jeweils Höchstkommandierenden. Am Ende des Jahres 1740 zunächst in Stärke von nur 12 Mann errichtet, wurde die kleine, sehr zuverlässige Truppe aus ehemaligen Forstbediensteten schon zwei Jahre später auf zwei Eskadronen verstärkt. Köpenick war ihr Garnisonort, jedoch lagen Kommandos auch in Berlin und Potsdam. Selbstverständlich waren reitende Feldjäger in allen Feldzügen Friedrichs II. zugegen. Das Korps blieb auch nach 1806 bestehen.

Zorndorf, aber allein bei Lobositz, Prag, Roßbach, Leuthen, Kay und Kunersdorf. In die Niederlage der preußischen Armee 1806 durch die Gefangennahme des 1. Bataillons bei Nieder-Roßla am 15. Oktober und die Kapitulationen der beiden anderen Bataillone bei Pasewalk und Stettin am 29. bzw. am 20. Oktober einbezogen, endete die Geschichte dieses Regiments. Allerdings konnten sich die Grenadiere 1807 bei Kolberg im Bataillon Waldenfels sammeln.

Adolph Menzel datierte die Uniformierung der dargestellten Regimentsangehörigen auf seiner Zeichnung für 1741. Insbesondere die noch getragenen weißen Gamaschen belegen dies, denn schwarze Gama-

Das für Jäger traditionelle Grün stellte die Hauptuniformfarbe der reitenden Feldjäger (zu den Fußjägern siehe den Text zu Tafel Nr. 24) dar. Die Uniform setzte sich aus einem grünen, rotgefütterten Uniformrock mit roten Kragen und Aufschlägen, gelben Knöpfen, goldenem Achselband auf der rechten Schulter, grüner Weste, ledernen Hosen, hohen Stiefeln, schwarzer Halsbinde und gelbledernen Stulpenhandschuhen sowie grünsilbernem Portepee zusammen. Unvermeidliche Begleitstücke waren die Reitpeitsche und das Felleisen (die Kuriertasche) zur Aufbewahrung von Schreiben und Dokumenten. Als Waffen dienten mitgebrachte Büchsen, ein paar Steinschloßpistolen M 1742 und ein Hirschfänger aus ebenfalls eigenem Besitz. Erst ab 1742 waren auch für die Feldjäger Husarensäbel M 1721 befohlen worden.

Im Vordergrund des Bildes sieht man Grenadiere des Infanterie-Regiments Nr. 27, von denen einer den Durst löscht. Dieser Truppenteil konnte seine Entstehung auf die Zeit um 1715/16 zurückführen, als er vor Stralsund aus schwedischen Kriegsgefangenen aufgestellt wurde. Als Kanton erhielt das Regiment dann Städte und Kreise der Mark. Es lag in Stendal und Gardelegen in Garnison. Auch für diesen Truppenteil setzte das Jahr 1806 mit der, allerdings ehrenvollen Kapitulation im Blücherschen Korps bei Ratkau am 7. November sowie der des 3. Bataillons in Hameln (22. November) den Schlußpunkt seiner Geschichte.

In den Kriegen Friedrichs II. fochten die Grenadiere des Regiments bei Mollwitz, Hohenfriedeberg, Kesselsdorf, Leuthen und Hochkirch.

Bekanntlich setzte sich ein preußisches Infanterieregiment aus zwei Bataillonen zu je einer Grenadierkompanie und fünf Musketierkompanien zusammen. Im Kriege wurden die beiden Grenadierkompanien eines Truppenteils mit zweien eines anderen zu einem selbständigen Bataillon vereinigt. Ein so zusammengesetzter Truppenteil kämpfte – wie schon dargestellt – selbständig und oft getrennt vom Regiment. Ein Grenadierbataillon erhielt aber keine Truppenfahne. Außerdem gehört die hier abgebildete

Tafel 18

Fahne zum Infanterie-Regiment Nr. 25, denn Nr. 27 besaß Fahnen aus blauem Tuch.

Als Grenadiere nahmen die Regimenter stets besonders ausgesuchte, schon ausgebildete, körperlich große Soldaten. Ihre imposante Erscheinung wurde noch durch die ungefähr 25 cm hohe Grenadiermütze verstärkt. Deutlich zu erkennen sind, über der rechten Schulter hängend, der Tornister aus rauhem Kalbfell, der Brotsack und die Feldflasche sowie die Art und Weise, wie die Achselklappe das Bandelier hielt. Diese Grandiere führen das Infanteriegewehr M 1723 mit Düllenbajonett und den Infanteriesäbel M 1715.

58

Tafel 19 **Kürassier-Regiment Nr. 2, Kürassier**

Zur schweren Gattung der Kavallerie gehörten die Kürassiere. Sie waren unter Friedrich II. in 13 Regimenter eingeteilt. Im Jahre 1743 umfaßte der Etat eines Kürassierregiments zu fünf Eskadronen 32 Offiziere, 60 Unteroffiziere, einen Pauker, einen Stabstrompeter, 10 Trompeter, 660 Reiter, 10 Fahnenschmiede sowie im Unterstab je einen Regimentsquartiermeister, Prediger, Auditeur, Regimentsfeldscher, Bereiter, Sattler, Profoß und fünf Feldschere in den Eskadronen. Hinzu kamen noch 60 Überkomplette. Auch noch nach 1740 taucht für die Kürassierregimenter hin und wieder die Bezeichnung »Regimenter zu Pferde« auf.

Das Kürassier-Regiment Nr. 2, schon im Jahre 1665 aufgestellt, hatte von 1701 bis 1768 immer preußische Prinzen zum Chef, so von 1744 bis 1758 den Bruder Friedrichs II., Prinz August Wilhelm. Ihm folgte bis 1768 ein Neffe des Königs, Prinz Heinrich, als der letzte dieser prinzlichen Chefs.

Dem Truppenteil war als Kanton die Altmark zugeteilt. Wie beinahe alle Kavallerieregimenter lag auch Nr. 2 in mehreren Orten in Garnison. Beim Kürassier-Regiment Nr. 2 befanden sie sich ebenfalls in der Altmark, und zu ihnen gehörten Angermünde, Freienwalde, Gransee, Kremmen, Kyritz, Perleberg, Pritzwalk, Wittstock, Wriezen, Zehdenick und Wusterhausen (Dosse). Das Regiment nahm an den Schlachten bei Chotusitz, Hohenfriedeberg, Soor, Lobositz, Kolin, Breslau, Zorndorf, Kunersdorf, Liegnitz und Torgau teil. Einbezogen in die Kapitulation des Korps Blücher bei Ratkau am 7. November 1806 endete auch das Regiment.

Als einzige trugen die Kürassiere von Nr. 2 gelbe Kollets (»Gelbe Reiter«). Bei den anderen Regimentern wurden diese im Anstrich immer heller gehalten, bis sie in den 70er Jahren des 18. Jahrhunderts schließlich ganz weiß waren. Das bedeutsamste Uniformstück war der Küraß, dessen Rückenteil schon am Anfang des Jahrhunderts weggelassen wurde. Der Küraßvorstoß – für die Mannschaften ein mit Ölfarbe gestrichener Lederwulst – wies die Abzeichenfarbe auf. Zur Uniform gehörten weiter eine ärmellose Un-

Tafel 19

terweste (auch Chemisett genannt), lederne Hosen und hohe Stiefel. Als Kopfbedeckung diente der Hut, ein Dreispitz, der aber bei der Kavallerie größer als bei der Infanterie war. Im Gefecht stülpten die Kürassiere und auch die Dragoner zum Schutz vor gegnerischen Hieben das sogenannte Kaskett über den Hutkopf. Bei diesem Kaskett handelte es sich meist um gekreuzte Eisenbügel.

In den Jahren 1741/42 führte König Friedrich II. schwarze Halsbinden anstelle der bisherigen roten für die Kürassiere ein. Nach dem Vorbild der Husaren und vor allem, weil auch die Uniformen der Kürassiere recht eng geschnitten waren, wurden schon

in den Jahren 1733 bis 1735 Säbeltaschen an die Mannschaften und Unteroffiziere gegeben, nicht an Offiziere und Trompeter. Wohl gleichzeitig mit diesen Säbeltaschen kamen auch wieder farbige Leibbinden
auf.

Zur Bewaffnung dieser schweren Reiter gehörten
der Kürassierdegen M 1732, das Paar Steinschloßpistolen M 1731, vorn am Sattel befestigt, und der Kü-
rassierkarabiner M 1731, der an einem breiten Bandelier
mitgeführt wurde. Unter dem Karabiner ist der dort
angebrachte Pikettpfahl zu sehen, der im Lager zum
Anpflocken der Pferde diente.

Tafel 20

Tafel 20 Kürassier-Regiment Nr. 8, Offizier

Das hier dargestellte Kürassier-Regiment Nr. 8 zählte
zu den am besten ausgebildeten und erfolgreichsten
Kavallerietruppenteilen Preußens. Dies verwundert
nicht, da sein Kommandeur von 1753 bis 1757 und
dann Chef bis 1774 der legendäre General der Kavallerie Friedrich Wilhelm v. Seydlitz war.

Das Regiment war 1691 errichtet worden, u. a. auch
aus zwei mecklenburgischen Kompanien. Als Kanton
galten die schlesischen Kreise und Städte Nimptsch
und Strehlen. Die ebenfalls in Schlesien liegenden
Orte Grottkau, Münsterberg und Ohlau nahmen wie
Strehlen die Eskadronen als Garnison auf. In den
Schlesischen Kriegen kämpfte das Regiment in den
Schlachten bei Chotusitz, Hohenfriedeberg, Soor,
Kesselsdorf, Lobositz, Kolin, Roßbach, Leuthen, Zorndorf, Hochkirch, Liegnitz und Torgau. Die Kapitulation großer Teile der preußischen Armee bei Pase-
walk am 29. Oktober 1806, in die auch dieses
Regiment einbezogen war, ließ seine Geschichte en-

Zur Uniform der Kürassieroffiziere gehörten der
schwarze Hut mit Schleife und Agraffe, das Kollet,
das Chemisett, die Schärpe, der Küraß, die lederne
Hose und Stiefel mit Sporen. Eine Samtmanschette –
hier noch in blauer Abzeichenfarbe gezeichnet – bildete den Vorstoß am Küraß der Offiziere. Seydlitz
führte dann davon abweichend rote Samtmanschet-

ten ein. Nach dem Siebenjährigen Krieg ahmten andere Truppenteile dies nach.

Das Chemisett der Offiziere war im Unterschied zu
dem der Mannschaften mit Taschen gearbeitet. Vielleicht auch aus diesem Grunde bekamen die Offiziere
keine Säbeltaschen. Auf den Kolletschößen der Offi-
ziersuniformen fallen bei diesem Regiment Textil-
streifen in der blauen Abzeichenfarbe auf. Es gab dort
keinen Tressenbesatz, auch nicht zur Parade, da dieser dem verderbenden Pferdespeichel besonders aus-
gesetzt war. Die anderen Kürassierregimenter legten
sich zunächst je nach dem Zweck (Dienst oder Parade) auf textilen oder Tressenbesatz fest, um schließ-

60

lich ab 1786 bis auf das Regiment Garde du Corps auf den teuren Luxus ganz zu verzichten.

Bis zum Jahr 1756 trugen die Kürassieroffiziere zur Parade noch einen Hut mit breiter, gezackter Silbertresse, setzten ihn dann aber nur noch zur Gesellschaftsuniform auf, d. h. zum weißen, reich silbergestickten Galarock. Als Rußland 1762 Preußens Verbündeter wurde, steckten die preußischen Kavalleristen der schlesischen Armee zur Unterscheidung von den russischen Reitern einen Federbusch – die Allianzfeder – an den Hut. Dieser Federbusch wurde nach Kriegsende allgemein eingeführt. Er hatte bei den Offizieren eine schwarze Wurzel, war bei den Mannschaften weiß und besaß bei den Unteroffizieren eine schwarze und bei den Trompetern eine farbige Spitze.

Die abgebildete Schabracke stellte offenbar eine Zwischenlösung von Paradestück (mit Eckenemblem) und Interimsstück (mit einfachem Tressenbesatz) dar. An Waffen besaßen die Offiziere den Kürassier-Offiziersdegen M 1732 und ein Paar Steinschloßpistolen. In der Literatur werden für Kürassiere und Dragoner Pistolen M 1731 angegeben; eine Datierung ist nur bedingt durch das Monogramm »FR« auf dem Daumenblech möglich.

Tafel 21

Tafel 21 Dragoner-Regiment Nr. 1, Dragoner/Kürassier-Regiment Nr. 12, Trompeter

Eine derartige Szene, wie sie Adolph Menzel hier gezeichnet hat, war gar nicht selten. Die Truppen wurden in jener Zeit oft bei Bürgern oder Bauern einquartiert. Dieser Bauer wird durch einen Dragonerunteroffizier gezwungen, Getränke und Essen heranzuschaffen. Zwar suchte Friedrich II. über Magazine, Fuhrkolonnen und auch Feldbäckereien sowie Marketender und Marketenderinnen die Versorgung seiner Soldaten zu sichern, doch in den Feldzügen gelang dies natürlich nicht immer. Dann setzte das Selbstverpflegen ein, das oft genug in Plündern und Drangsalieren ausuferte. Das bedeutete viel Leid für die arbeitenden Menschen der von den Armeen heimgesuchten Landstriche.

Das Dragoner-Regiment Nr. 1 – im Jahre 1689 aufgestellt – galt als ausgezeichnet. Kreise und Städte Pommerns bildeten seinen Kanton, und die Eskadronen lagen in Greifenhagen, Lippehne, Schönfließ, Schwedt und Wriezen in Garnison. Das Regiment wurde mehrfach nach einer zunächst erfolgten Verstärkung zur Neuformierung von weiteren Truppenteilen verwendet: 1725 auf zehn Eskadronen gebracht, teilte es sich in die Dragoner-Regimenter Nr. 1 und Nr. 2. Schon im Jahre 1722 attachierte »leichte« Dragoner kamen bis 1740 ebenfalls auf zehn Eskadronen, wurden ein Jahr später abgesondert und bildeten seit dem Jahr 1743 die Dragoner-Regimenter Nr. 9 und Nr. 10.

Als Dragoner-Regiment 1704 errichtet, wurde das Kürassier-Regiment Nr. 12 nach den Kampfhandlungen auf Usedom 1715 zur Auszeichnung in ein Regiment zu Pferde (Kürassiere) umgewandelt. Der Kanton (Ratibor, Rybnik und Sohrau) und die Garnisonen Hultschin (bis 1756, dann ab 1763 Gleiwitz), Katscher (bis 1756), Lerbschütz und Ratibor befanden sich in Schlesien.

Beide hier vorgestellten Truppenteile wurden nach der katastrophalen Niederlage der preußischen Armee im Jahr 1806 aufgelöst. Das Dragoner-Regiment Nr. 1 kapitulierte mit bei Lüneburg am 12. November und das Kürassier-Regiment Nr. 12 mit bei Pasewalk am 29. Oktober.

In den Kriegen Friedrichs II. fochten die Dragoner bei Mollwitz, Zorndorf und Liegnitz; die Kürassiere bei Chotusitz, Soor, Kesselsdorf und Kay; beide Regimenter bei Hohenfriedeberg, Prag, Kolin, Breslau, Leuthen, Hochkirch, Kunersdorf und Torgau.

Zur Uniformierung sei festgestellt: auf dem Rock der Dragoner befand sich nur eine Achselklappe (der Achseldragoner) im Unterschied zu den zweien des Kürassierkollets. Diese eine Achselklappe hielt das Bandelier, an dem Schußwaffe (Dragonergewehr M 1726) und Patronentasche hingen. Die Unteroffiziere des Dragonerregiments hoben sich durch goldene Tressen um die Ärmelaufschläge von den Mannschaften ab.

Bei der Uniform des Kürassiertrompeters ist anzumerken, daß die sie besonders kennzeichnenden Borten statt silberfarben golden mit orange durchzogen hätten sein müssen. Da die Spitzen der Federbüsche der Trompeter stets farbig waren, hätte auch hier eine orangefarbene Spitze hingehört.

Der Trompeter, der sich hier so gebieterisch am Tisch ausbreitet, stützt sich auf den Kürassier-Trompeterdegen.

Tafel 22 **Husaren-Regiment Nr. 4, Offizier/Regiment Grenadiere zu Pferde, Grenadiere**
Im Vordergrund der Abbildung beginnen Grenadiere zu Pferde einen Wasserlauf zu durchqueren. Sie sind in einer sie besonders auszeichnenden Uniform der Zeit vor 1741 dargestellt. Begünstigt von König Friedrich Wilhelm I., dem Vater Friedrichs II., führten sie auf ihren hohen Mützen und auf den Patronentaschen den Gardestern – den Stern des Schwarzen Adlerordens.

Das Regiment Grenadiere zu Pferde war 1705 aus Mannschaftsabgaben durch alle anderen Dragonerregimenter errichtet worden. Die Neumark galt als sein Kanton, und in den 30er Jahren lagen die Eskadronen dort in Landsberg an der Warthe, Friedeberg/Neumark, Schönfließ, Neustettin, Lippehne, Reetz, Bärwalde, Dramburg und Arnswalde in Garnison. Als die Truppe 1741 im Feldzug versagte, mußte sie zuerst die Mützen gegen Hüte abgeben und wurde schließlich in die Dragoner-Regimenter Nr. 3 und Nr. 4 geteilt. Für das Dragoner-Regiment Nr. 4 (zu Nr. 3 siehe den folgenden Text zu Tafel Nr. 23) blieb die Neumark als Kanton erhalten und als weitere kamen hinzu die Garnisonsorte Landsberg a.d.W., Woldenberg sowie Arnswalde und Friedeberg/Neumark.

Das Regiment nahm an den Schlachten von Hohenfriedeberg, Kesselsdorf, Lobositz, Prag, Kolin, Roßbach, Leuthen, Zorndorf, Hochkirch, Liegnitz und Torgau teil. 1806 gelangten Teile des Regiments zusammen mit einigen Dragonern des Regiments Nr. 3 nach Ostpreußen und bildeten dann das Neumärkische Dragoner-Regiment.

Die Grenadiere zu Pferde waren mit dem Dragonerdegen M 1735, Steinschloßpistolen M 1731 und Dragonergewehren M 1726 bewaffnet.

Adolph Menzel hat diese Tafel etwas willkürlich zusammengestellt: beide Truppenteile – die Grenadiere zu Pferde und die Husaren – konnten sich aufgrund unterschiedlicher Aufstellungsdaten einfach nicht mehr begegnen. Die im Hintergrund des Bildes haltenden Husaren gehören zum Husaren-Regiment Nr. 4, und dieser Truppenteil war erst 1743 aus einem schon im Jahre 1741 errichteten Ulanen-Regiment hervorgegangen. Friedrich II. ließ dieses Husarenregiment sogleich auf zehn Eskadronen bringen.

Das in kleineren Orten Schlesiens in Garnison lie-

Tafel 22

Bei den Uniformen dieser Husaren soll vor allem auf die umgehängten weißen Pelze – sie konnten auch vor Säbelhieben schützen – hingewiesen werden, die dem Regiment den Scherznamen »Bählämmer« einbrachten. Offenbar hatten diese Pelze bis 1752 einen schwarzen Vorstoß, der dann weiß wurde. Ebenfalls bis zu diesem Jahr trugen die Husaren Pelzmützen, dann Flügelmützen, die aber ab 1771 im Regiment schrittweise wieder Pelzmützen wichen.

Tafel 23 **Dragoner-Regiment Nr. 3, Offizier**

Die Dragoner – ursprünglich nur Angehörige der berittenen Infanterie (»halb Mensch, halb Vieh – aufs Pferd gesetzte Infanterie«) – handelten unter Friedrich II. gemeinsam mit den Kürassieren. Sie folgten ihnen jedoch meist nur als zweites Treffen der Schlachtordnung. Die Dragonerwaffe umfaßte zwölf Regimenter, die 1743 einen Etat ähnlich dem der Kürassierregimenter aufwiesen. Ein Dragonerregiment zu fünf Eskadronen zählte 32 Offiziere, 60 Unteroffiziere, einen Pauker, vier Pfeifer, 15 Tamboure, 660 Dragoner, fünf Fahnenschmiede sowie 60 Überkomplette; Unterstab wie Kürassiere (Tafel Nr. 19).

Das Dragoner-Regiment Nr. 3 ging 1741 aus dem Regiment Grenadiere zu Pferde hervor (siehe den Text zu Tafel Nr. 22). Sein Kanton blieb ebenfalls die Neumark, und nach dem Siebenjährigen Krieg lag es in Bärwalde, Friedeberg/Neumark, Arnswalde und Berlinchen in Garnison. Der Truppenteil war an den Schlachten von Chotusitz, Hohenfriedeberg, Soor, Lobositz, Prag, Kolin, Roßbach und Kunersdorf beteiligt. 1806 mußten Teile des Regiments mit dem Korps Blücher bei Ratkau am 7. November kapitulieren. Ein Rest gelangte aber mit Teilen des Dragoner-Regiments Nr. 4 nach Ostpreußen und kam ins neuentstandene Neumärkische Dragoner-Regiment.

Seit 1745 trugen die preußischen Dragoner statt der weißen hellblauen Uniformröcke, um sie auf dem Schlachtfeld leichter von den österreichischen Kavalleristen unterscheiden zu können. Im Dragoner-Regiment Nr. 3 wurde die Abzeichenfarbe Rosa ungefähr 1742/43 eingeführt. Diese Farbe tauchte auch an allen

gende Regiment besaß für die Ergänzung seiner Mannschaften wie fast alle anderen Husarentruppenteile auch keinen eigenen Kanton. Es erhielt den notwendigen Ersatz aus den Kantonen der Kürassierregimenter Nr. 1 und Nr. 8 sowie dem des Dragoner-Regiments Nr. 2. Alle Kantone lagen in Schlesien.

Die Husaren des Regiments Nr. 4 kämpften in den Schlachten bei Hohenfriedeberg, Soor, Prag, Kolin, Breslau, Leuthen, Hochkirch (nur fünf Eskadronen), Kay, Kunersdorf und Torgau. Im Katastrophenjahr 1806 gelangten noch Teile des Regiments nach Ostpreußen und konnten dort einen neuen Truppenteil bilden.

Tafel 23

Regiment Nr. 3 war mit 30 silbergestickten Schleifen verziert. Diesen so geschmückten Uniformrock zogen die Offiziere nicht nur als Gesellschaftsuniform an, sondern auch zur Parade.

Noch ein Wort zu den Schabracken: sie waren bei den Dragoner-Regimentern Nr. 1 bis Nr. 4, Nr. 11 und Nr. 12 hinten so wie die der Kürassiere abgerundet, aber bei den anderen Dragonertruppenteilen eckig geschnitten. Adolph Menzel zeichnete für den Offizier zur Parade auf Schabracken und Schabrunken noch den Stern des Schwarzen Adlerordens, den Gardestern, ein.

In der Bewaffnung mußten sich die Offiziere der Dragoner mit vergoldeten Mannschaftsstücken begnügen, d. h. mit dem Dragonerdegen M 1735 in einer besseren Ausführung.

Tafel 24 Infanterie-Regimenter Nr. 40 und Nr. 48, Füsiliere

Die Bezeichnung »Füsiliere« kam zuerst mit der Einführung des Steinschloßgewehres auf (fusil – franz. für Gewehr). Die enormen Verstärkungen der preußischen Armee nach Regierungsantritt Friedrichs II. ließen sich nur durch die Aufnahme auch körperlich kleinerer Männer in die neuen Infanterieregimenter, dann meist als Füsilier-Regimenter benannt, verwirklichen. Um diesen nicht so großgewachsenen Soldaten den Ladevorgang bei den Schußwaffen zu erleichtern und damit die notwendige hohe Feuergeschwindigkeit zu sichern, erhielten die Füsiliere kürzere, weniger wirksame Infanteriegewehre M 1723/40 bzw. M 1740. Ansätze einer tatsächlichen leichten Infanterie gab es in Preußen erst, als 1787 mit der Aufstellung von 20 Füsilierbataillonen begonnen wurde.

Die ab 1740 errichteten Infanterieregimenter galten oft zu Unrecht als zweitrangig. Das Infanterie-Regiment Nr. 40 entstand um 1740 in Magdeburg aus Zwangsrekrutierten sowie Soldaten, die der Herzog von Sachsen-Eisenach dem preußischen König überlassen hatte. Auch der Mannschaftsersatz kam wohl zunächst noch aus dem kleinen Herzogtum, dann erhielt das Regiment aber seinen Kanton in Nieder-

Ausrüstungsstücke des Truppenteils wie Schabrakken und Schabrunken auf. Den Hut der Dragoner und Tamboure zierte gleichfalls ein rosafarbener Kordon; bei den Unteroffizieren war er schwarzweiß und bei den Offizieren schwarzsilber. Die Unteroffiziere des Regiments kennzeichnete eine silberne Tresse um die Ärmelaufschläge.

Ganz allgemein belegt der Schnitt des Uniformrocks und der Weste die Herkunft der Dragoner aus der Infanterie, ebenso die Beibehaltung der Einrichtung der Tamboure. Der Hut sowie die Bein- und Unterbekleidung waren ebenfalls kavalleristisch geprägt. Der Uniformrock dieses Dragoneroffiziers vom

Tafel 24

schaft, aber ohne die Grenadiere, die bei Breslau, Leuthen und Hochkirch eingesetzt waren. Neuaufgestellt nahm das Regiment Nr. 40 an den Schlachten bei Zorndorf, Kay und Liegnitz teil. Das Jahr der Niederlagen 1806 ließ beide Regimenter enden: Nr. 40 mit den Kapitulationen von Erfurt (16. Oktober), Magdeburg (11. November) und Schweidnitz (8. Januar 1807) und Nr. 48 bei Erfurt und in Hameln am 22. November.

Um den zu den anderen Infanterieregimentern vorhandenen körperlichen Größenunterschied zu verdecken, bekamen die Füsiliere anstelle des Dreispitzes hohe Mützen (etwa 24 cm hoch), die den Bombardiermützen der Artilleristen ähnelten. Von den Grenadiermützen unterschieden sich die Füsiliermützen durch einen runden, freistehenden Kopfteil, auf dem sich oben eine kleine, flammende Metallgranate befand. Berichtet wird, daß die Füsiliere gleich den Grenadieren auf den Patronentaschen außer dem Mittelschild vier stilisierte flammende Granaten in den Ecken führten.

Die Füsiliere des Infanterie-Regiments Nr. 40 besaßen als Seitenwaffe den Infanteriesäbel M 1715; Nr. 48 hatte ebenso wie die Infanterie-Regimenter Nr. 3, Nr. 28, Nr. 29, Nr. 30 und Nr. 32 als Seitenwaffe den sogenannten Artillerie-»Pallasch«.

Die Farbe Rosa für die Abzeichen an den Uniformröcken des Infanterie-Regiments Nr. 40 ist offenbar beim Kolorieren sehr in ein dunkles Violett übergegangen.

schlesien. Bis 1756 lag es in Breslau, ab 1763 in Schweidnitz in Garnison.

Das Infanterie-Regiment Nr. 48 wurde erst 1756 in Wesel aus Garnisontruppen formiert. Es hatte keinen Kanton, der Ersatz kam aus der Umgebung Wesels. Wesel selbst war der Garnisonort, nur die Grenadiere kamen nach Magdeburg.

Beide Truppenteile fochten in unterschiedlichem Maße im Siebenjährigen Krieg: von Nr. 48 die Grenadiere bei Prag, Breslau, Leuthen und Hochkirch; Nr. 40 (hier die Grenadiere schon 1745 bei Hohenfriedeberg und Soor) kämpfte bei Prag und Kolin, geriet bei Schweidnitz am 12. November 1757 in Gefangen-

Tafel 25 Garnison-Regiment Nr. 8, Unteroffizier/ Feldpostillon/Feld-Artillerie, Hautboist

Vor dem barocken Tor einer Festung im Hintergrund des Bildes stellte Adolph Menzel mit drei Figurinen völlig unterschiedliche Bereiche der preußischen Armee dar. Links beschreibt ein Unteroffizier des Garnison-Regiments Nr. 8 vielleicht einem Feldpostillon eine Wegstrecke. Damals übernahmen die Truppen der Garnisoninfanterie als nicht felddienstfähig vor allem den Wachdienst, den Schutz der Festungen und Aufgaben als Besatzungstruppe. Die hohen Men-

Tafel 25

nen roten Schößen gearbeitet. Hinzu kamen hellblaue Unterkleider. Hier sind wohl Uniformelemente verschiedener Freiformationen hinzugefügt worden. Die Unteroffiziersrangabzeichen – Metallborten, Farben von Puschel und Kordon am Hut – sind zu erahnen. Um die Ärmelaufschläge führten diese Unteroffiziere wohl keine Borte. Hinzu kam aber der für Unteroffiziere unvermeidliche Stock und hier noch der Infanteriesäbel M 1715. Die Gemeinen der Garnisoninfanterie hatten nur Bajonette, keine Säbel.

Erst im Kriegszustand trat eine Feldpost der preußischen Armee zusammen. Ihre Postillons kamen aus dem Ziviletat. Sichtbarstes äußeres Zeichen ihrer Tätigkeit in der Armee bildete das Postschild – ein Adler aus Messing – auf der linken Brustseite des blauen, abzeichenlosen Uniformrocks. Des weiteren gehörten eine ebenfalls blaue Weste (bei Feldpostmeistern silberbesetzt), eine orangefarbene Kokarde am Hut, das Horn an der orange-weißen Schnur über der linken Schulter und eine um den Leib geschlungene orangefarbene Schärpe zur Uniform der preußischen Feldpost.

Etwas näher an den Hintergrund heran, eine Pfeife schmauchend, schaut ein Hautboist der Feld-Artillerie dem Unteroffizier und dem Feldpostillon zu. Das gesamte Feldartillerie-Korps – 1698 erstmals militärisch in Kompanien formiert – lag in Berlin in Garnison. Es kam aber in den Kriegen, weil stets der Infanterie zugeteilt, in allen Schlachten und Kampfhandlungen zum Einsatz.

Der Janitscharenrock des Hautboisten war reich mit Borten verziert. Diese doch sehr exotisch wirkende Bekleidung rührte wohl noch daher, daß 1740 die Artillerie die »Mohrenpfeifer« (in den preußischen Dienst gepreßte Afrikaner) des alten Königs-Regiments zugeteilt bekam.

Tafel 26 Feldjäger-Korps zu Fuß, Feldjäger
Als eine besonders zuverlässige Truppe erwiesen sich auch die preußischen Feldjäger zu Fuß. Im Sommer des Jahres 1744 aus freiwillig in das Korps eintretenden Förstersöhnen und Forstbediensteten in Charlot-

schenverluste in den Schlachten führten jedoch manchmal auch zur Verwendung im Felde. Das hier dargestellte Regiment wurde 1741 errichtet, erhielt seinen Ersatz aus den Kantonen der Infanterie-Regimenter Nr. 28, Nr. 33, Nr. 38 und Nr. 49. Es lag nach 1763 mit 15 Kompanien in Glatz und fünf in Reichenbach. 1806 kapitulierten die Kompanien, in der Mehrzahl in Depotbataillone eingeordnet, vor den siegreichen französischen Truppen.

Für die Uniform des Garnison-Regiments Nr. 8 gibt Adolph Menzel eine solche für die Zeit nach 1763 an. Der nahezu schmucklose blaue Rock war mit Kragen und Ärmelaufschlägen in Hellblau und umgeschlage-

tenburg in Stärke einer Kompanie errichtet. Aus dieser kleinen Einheit, nach und nach verstärkt, sollte schließlich ein Regiment werden. 1757 gab es zwei, 1761 dann drei Kompanien, und schon ein Jahr später existierte ein Bataillon, um schließlich 1785 das Feldjäger-Regiment zu Fuß zu bilden.

In den Kriegen König Friedrichs II. kämpften diese Fußjäger – abgesehen von einigen wenigen Frei-Formationen – als einzige wie leichte Infanterie. Sie waren dementsprechend an nahezu allen Kampfhandlungen beteiligt, so insbesondere bei Hohenfriedeberg, Breslau, Leuthen und Hochkirch. 1806 – im Jahr der Niederlage der preußischen Armee – konnten sich die Fußjäger achtbar aus den vielen Blamagen heraushalten. Sechs ihrer Kompanien mußten mit dem Korps des Generals v. Blücher am 7. November bei Ratkau kapitulieren, nachdem sich die Truppe unter Oberst v. Yorck noch am 26. Oktober im erfolgreichen Rückzugskampf bei Altenzaun ausgezeichnet hatte.

Auf der Abbildung zeigt Adolph Menzel die Fußjäger in der für sie durchaus typischen Kampfweise leichter Infanterie – im zerstreuten Gefecht bei Ausnutzung der vorhandenen Geländevorteile. Dies war mit einer aus Freiwilligen zusammengestellten Truppe auch möglich, denn bei ihnen bestand keine Desertionsgefahr. Die Fußjäger dienten vielmehr im Hinblick auf spätere eigene Forststellen äußerst zuverlässig.

Wie ihre berittenen »Kollegen« von Reitenden Feldjäger-Korps, errichtet 1740, waren auch die Fußjäger traditionell grün uniformiert, d. h., sie erschienen in grünen Uniformröcken und Westen. Zur Uniform gehörten weiterhin ein schwarzer Hut mit gelben Borten und einem silbergrünen Kordon, lederne Handschuhe, gelbe Hosen und leichte Stulpenstiefel. Besondere Abzeichen des Uniformrocks waren der rote Kragen, gleichfarbige Ärmelaufschläge und Schoßumschläge sowie gelbe Knöpfe und ein goldgelb gedrehtes Achselband. Der Uniformrock hatte keine Rabatten. Die Jäger ließen den Uniformrock im Sommer offen, knöpften ihn aber bei schlechtem Wetter vor der Brust zu.

Tafel 26

Als Waffen dienten den Fußjägern zunächst eigene, mitgebrachte Büchsen, dann die sogenannte Alte Jägerkorps-Büchse und eigene Hirschfänger. Von diesen gezogenen Büchsen mit Visiereinrichtung, die auch für die reitenden Feldjäger bestimmt waren, hatte Friedrich II. am 26. Januar 1744 die Anfertigung von 400 Stück befohlen. Die Fußjäger bewahrten ihre Munition statt in den bei der Infanterie üblichen großen Patronentaschen in vorn um den Leib geschnallten länglichen Taschen aus braunem Leder (sogenannte Kartuschen) auf. Ihr persönliches Gepäck führten die Fußjäger in als Büchsenranzen bezeichneten Jagdtaschen mit.

Tafel 27 Dragoner-Regiment Nr. 11, Tambour und Dragoner

Von den zwölf Dragonerregimentern gehörte das Regiment Nr. 11 in friderizianischer Zeit zu den jüngeren Truppenteilen. Es war erst im Frühjahr 1741 durch Werbung in Niederschlesien aufgestellt worden. Der Kanton und die Garnisonorte Beuthen (bis 1779, dann Freystadt), Grünberg, Sagan und Sprottau befanden sich ebenfalls dort. Schon Ende April 1741 zählte das Regiment 600 Mann. Durch eine Order des Königs vom 21. Juni des Jahres wurde die Stärke des Truppenteils auf fünf Eskadronen begrenzt.

Außer bei Hohenfriedeberg im Zweiten Schlesischen Krieg 1744/45 focht das Dragoner-Regiment Nr. 11 im Siebenjährigen Krieg bei Prag, Kolin, Breslau, Leuthen, Hochkirch, Kunersdorf, Torgau und Freiberg. Im Zusammenhang mit der Kapitulation bei Prenzlau am 28. Oktober 1806 wurde das Regiment aufgelöst. Schon nach der Kapitulation bei Maxen am 21. November 1759 hatte der Truppenteil längere Zeit nur aus zwei Eskadronen bestanden.

Die Angehörigen des Regiments trugen blaue Uniformröcke mit weißen Knöpfen und Achselbändern sowie gelben Abzeichen (Kragen, Rabatten, Ärmelaufschläge und Schoßumschläge). Hinzu kam eine Unterbekleidung in Paille. Die schwarzen Hüte der Dragoner, hier mit dem 1762 eingeführten Federbusch versehen, hatten größere Ausmaße als die der Infanteristen. Das Lederzeug wurde, ebenfalls dem Beispiel der Infanterie folgend, weiß angestrichen.

Die Spielleute der Dragonerregimenter wurden beim Wechsel von den weißen zu den hellblauen Uniformröcken zunächst noch mit weißen Röcken ausgestattet. Erst im Verlaufe des Jahres 1752 bekamen sie ebenfalls die hellblauen Bekleidungsstücke. Die Trommel des Tambours (die Dragoner zählten ja Tamboure in ihren Reihen anstelle der Trompeter bei den Kürassieren) belegt zusätzlich die Verwandtschaft mit der Infanterie. Die hölzernen Trommelreifen entsprachen offenbar den Abzeichenfarben der jeweiligen Regimenter.

Adolph Menzel zeichnete den Tambour mit dem Infanteriesäbel M 1715. Ob sie immer von den Drago-

Tafel 27

nertambouren als Seitenwaffe geführt wurden, läßt sich nicht mehr klären. An Schußwaffen besaßen die Dragoner ein Paar Steinschloßpistolen M 1731 und das Dragonergewehr M 1726 (hier wohl nicht ganz richtig dargestellt). Die Gewehre wurden mit den Jahren nur noch im Wachdienst verwendet. Bajonette blieben zwar vorgeschrieben, doch waren in den Feldzügen etliche verlorengegangen. Die Dragonergewehre M 1726 ähnelten noch sehr den Infanteriewaffen, aber Gewehrschloß und Kaliber waren kleiner und glichen eher den Kavalleriekarabinern. Deutlich ist auch bei diesem Dragoner der am Sattel mitgeführte Pikettpfahl zu erkennen.

Tafel 28 **Husaren-Regiment Nr. 2, Offizier**

In prächtiger, überreich verschnürter Uniform sprengt ein Offizier vor seinen Husaren mit gezogenem Säbel (einer Variante des Husaren-Säbels M 1721) einher. Der Offizier gehört dem Husaren-Regiment Nr. 2 an, einem der berühmtesten Husarentruppenteile, dessen Chef von 1741 bis zu seinem Tode 1786 General der Kavallerie Hans Joachim v. Zieten war.

Im Jahre 1730 in Kompaniestärke in Berlin und Beelitz errichtet, erhielt die Trupe 1736 zuerst die Bezeichnung »Königliches Leib-Corps Husaren«. Es wurde 1741/42 zu einem Regiment mit zehn Eskadronen erweitert. In zwei Bataillone aufgeteilt, lag das Husaren-Regiment Nr. 2 in Berlin und in Mecklenburg (Plau, Lübz und Eldena) in Garnison. Das Regiment kämpfte in den Schlachten bei Mollwitz, Hohenfriedeberg, Prag, Kolin, Breslau, Leuthen, Zorndorf, Hochkirch, Kay, Kunersdorf, Liegnitz, Torgau und Burkersdorf. Ohne den Titel offiziell zu führen, blieb dieser Truppenteil das Leibhusarenregiment.

Der Mannschaftsersatz kam für das Regiment aus den Kantonen der Infanterie-Regimenter Nr. 19 und Nr. 25 (die Mark). Insbesondere traten auch viele Berliner und andere Freiwillige von sich aus bei den Zieten-Husaren ein. Von den katastrophalen Ereignissen 1806 blieb auch das Husaren-Regiment Nr. 2 nicht verschont. Es wurde in die Kapitulation des Korps Blücher bei Ratkau am 7. November einbezogen. Dem Depot und vielen Husaren gelang es, sich nach Ostpreußen durchzuschlagen; trotzdem wurde das Regiment aufgelöst.

Vorbild auch der preußischen Husarenuniform war wie in anderen europäischen Armeen die ungarische Nationaltracht. Die Uniform des Husaren-Regiments Nr. 2 setzte sich aus der Pelzmütze, dem Dolman, dem Pelz, der Beinbekleidung einschließlich der darübergezogenen Scharawaden und der Husarenstiefel zusammen. Nur schwach ist auf der Menzelschen Abbildung eine Besonderheit in der Uniformierung des Regiments zu erkennen: Während der Pelz und der Dolman der Offiziere eine Beschnürung mit Goldbesatz aufwies, blieb der Besatz bei den Unteroffizieren

Tafel 28

und Mannschaften für diese beiden Uniformstücke aus Weißmetall.

Die recht hohen Pelzmützen dieser Husaren – hier mit rotem Kolpak – erhielten 1762 wie die anderen Kavallerietruppenteile den Federbusch. Der Pelz und der Dolman des Offiziers war noch zusätzlich mit einem Tressenrahmen verziert. Dieser fiel im Verlaufe des Siebenjährigen Krieges an den täglich getragenen Uniformen fort und blieb nur für die Parade- bzw. Galauniform erhalten.

Beim Husaren-Regiment Nr. 2 erschienen die Offiziere ungeachtet einer allgemein üblicher werdenden Verwendung schwarzer Stiefel zur Paradeuniform

6 Schnitter, Menzel

noch weiter in gelben Husarenstiefeln. Diese waren zudem am oberen Rand mit einer Goldtresse und einem kleinen Quast geschmückt. Auch bei der Schabracke und bei der Säbeltasche handelte es sich um besonders reich geschmückte Ausrüstungsstücke, die nur zur Parade mitgeführt wurden. Der Reiherbusch an der Pelzmütze statt eines Adlerflügels weist den Offizier als einen subalternen Dienstgrad aus.

Tafel 29 Husaren-Regimenter Nr. 3, Nr. 1 und Nr. 8/ Dragoner-Regiment Nr. 5, Offiziere

Schwierig ist es, die Informationen zu diesen vier Truppenteilen, deren Vertreter im Offiziersrang Adolph Menzel schwer zechend dargestellt hat, wiederzugeben.

Das Husaren-Regiment Nr. 1 führte sein Errichtungsdatum auf das Jahr 1721 zurück und ging 1806 im Zuge der Kapitulationen bei Anklam am 1. November zugrunde. Der Mannschaftsersatz kam aus den schlesischen Kantonen der Dragoner-Regimenter Nr. 2 und Nr. 11. Im Jahre 1740 wurde das Husaren-Regiment Nr. 3 aufgestellt. Seine Geschichte endete bei Ratkau am 7. November 1806. Für den Ersatz standen die schlesischen Kantone der Kürassier-Regimenter Nr. 1 und Nr. 9 zur Verfügung.

Das 1743 geschaffene Husaren-Regiment Nr. 8 erhielt seine Mannschaften aus den Kantonen des Kürassier-Regiments Nr. 5, der Dragoner-Regimenter Nr. 3 und Nr. 4 (alle Neumark) sowie Nr. 1 und Nr. 5 (beide Pommern). Im Jahre 1763 wurde das Husaren-Regiment Nr. 8 aufgelöst, doch das 1758 errichtete Regiment unter v. Belling trat an seine Stelle (siehe Tafel Nr. 52). Es erhielt ein Jahr später sogar die roten Uniformen sowie die Kantone und Garnisonen. 1806 vermochte sich das Regiment der Kapitulation bei Ratkau zu entziehen.

Schon 1717 war das Dragoner-Regiment Nr. 5 aufgestellt worden. Sein Kanton befand sich in Pommern, und die Eskadronen lagen u. a. in Gartz, Gollnow, Pasewalk, Treptow/Tollense und Uckermünde in Garnison. Das Regiment gelangte im Jahr 1806 nach Ostpreußen.

Tafel 29

Alle vier Kavallerieregimenter fochten in den Schlesischen Kriegen: die Husaren von Nr. 1 bei Chotusitz, Hohenfriedeberg, Lobositz, Kolin, Roßbach, Leuthen, Kunersdorf, Torgau und Freiberg; Nr. 3 bei Prag, Kolin, Leuthen, Kunersdorf und Liegnitz; Nr. 8 bei Hohenfriedeberg, Kolin, Roßbach, Breslau und Leuthen; die Dragoner bei Mollwitz, Chotusitz, Hohenfriedeberg, Kesselsdorf, Lobositz, Breslau, Leuthen, Hochkirch, Torgau und Burkersdorf. Das Dragoner-Regiment Nr. 5 zeichnete sich vor allem bei Hohenfriedeberg aus, als es in beispielloser Attacke 20 österreichische Bataillone warf, 2500 Gefangene einbrachte und 66 Fahnen eroberte. Andererseits mußte Friedrich II. gerade dieses Regiment mehrmals wegen alkoholischer Exzesse tadeln.

Bei den Husarenuniformen tritt dem Betrachter die große farbige Vielfalt entgegen. Das Regiment Nr. 3 war mit weißen Dolmans, ledernen Hosen und darüber dunkelblauen Scharawaden bekleidet. Hinzu kamen dunkelblaue Pelze. Ganz in Grün – wenn auch in unterschiedlichen Tönen – waren die Uniformen des Regiments Nr. 1 gehalten. Die Angehörigen des Regiments Nr. 8 trugen wie erwähnt rote Uniformen. Anzumerken ist, daß zuerst alle Husarenregimenter im Sommer Flügelmützen aus Filz und im Winter Pelzmützen aufsetzten. Offenbar ab 1752 trugen die Regimenter Nr. 1, Nr. 2 und Nr. 3 ständig Pelzmützen. Offiziere waren bis in den Siebenjährigen Krieg hinein äußerlich auch am meist abgebogenen Tressenrahmen um die Brustschnüre von Dolman und Pelz zu erkennen.

Von der Uniform des Offiziers aus dem Dragoner-Regiment Nr. 5 ist nicht allzuviel zu sehen. Der Uniformrock war seit 1745 hellblau und mit tiefrotem Kragen, Rabatten, Auf- und Umschlägen gearbeitet. Silberne Knöpfe und nur ein Paar silbergestickte Schleifen unter den Rabatten sowie zwei weitere am Rückenteil in Taillenhöhe schmückten diesen Rock.

Tafel 30 **Husaren-Regiment Nr. 5, Husar**

Fröstelnd, in einem weiten, umhangartigen, ärmellosen Mantel gehüllt, harrt der Husar des Husaren-Regiments Nr. 5 auf der Feldwache aus – eine für die Husarentruppe typische Verwendungsart im Kriege. Das Regiment war im Jahre 1740 zunächst in Stärke von zwei Eskadronen aufgestellt worden und wurde schon ein Jahr darauf auf zehn Eskadronen gebracht. Der Mannschaftsersatz des Truppenteils kam aus den Kantonen der Dragoner-Regimenter Nr. 6, Nr. 7 und Nr. 8, d. h. aus Ostpreußen. Kleine Städte und Ortschaften dieser preußischen Provinz mußten die Einheiten des Regiments in Garnison nehmen, unter anderem Goldap, Lötzen, Lyck, Darkehnen, Pillkallen und Stallupönen.

Das Husaren-Regiment Nr. 5 focht im Zweiten

Tafel 30

Schlesischen Krieg bei Hohenfriedeberg. Im Siebenjährigen Krieg wurde es getrennt eingesetzt: sieben Eskadronen handelten im Osten gegen russische (bei Zorndorf und Kay) und drei Eskadronen im Westen gegen französische leichte Truppen (Krefeld, Bergen und Minden).

Im Jahre 1745 wurden dem Regiment die Bosniaken zugeteilt. 1806 gehörte das Regiment zum Reservekorps der preußischen Armee. Aus dem Truppenteil gingen die Leib-Husaren-Regimenter Nr. 1 und Nr. 2 hervor.

Die Grundfarbe der Uniformen des Husaren-Regiments Nr. 5 blieb immer schwarz. Die Abzeichen waren bei den Unteroffizieren und Mannschaften weiß; bei den Offizieren silbern. Das herausragende Symbol des Regiments wurde das Totenkopfemblem an der Flügelmütze der Mannschaften. Seine Entstehung und Verwendung als Symbol für dieses Regiment ließ sich nicht feststellen.

In bezug auf die Husarenmäntel ist allgemein anzumerken, daß sie bei den Regimentern Nr. 1, Nr. 5 und Nr. 6 sowie beim Regiment v. Belling mit der Farbe des Pelzes übereinstimmten, d.h. grün, schwarz, graubraun und nochmals schwarz waren. Die restlichen Husarentruppenteile führten weiße bzw. die auch noch bestehenden Husarenkommandos dunkelblaue Mäntel. Alle diese Mäntel waren nicht gefüttert, reichten bis zu den Knöcheln der Husaren und waren mit einem Überfallkragen angefertigt. Die Mäntel wurden vorn oben zugebunden.

Die Husaren waren mit dem Husaren-Säbel M 1721, einem Paar Steinschloßpistolen M 1742 und Kurzen oder Mittleren Husarenkarabinern M 1742 bewaffnet. Seit 1742 führten bei jeder Eskadron zehn als Büchsenschützen eingeteilte Husaren lange gezogene Karabiner mit eisernen Ladestöcken. Sonst gab es nur die hölzernen Ladestöcke.

Tafel 31 Husaren-Regiment Nr. 7, Husaren

Wer – wen? Husaren des Regiments Nr. 7 werden von Adolph Menzel in einem erbitterten Handgemenge mit österreichischen leichten Truppen, mit Panduren, dargestellt. Damit macht der Künstler in militärgeschichtlicher Sachkenntnis mit einer weiteren Einsatzmöglichkeit der Husarengattung vertraut – dem Kampf gegen leichte, ebenfalls sehr bewegliche Soldaten.

Das überwiegend in Ostpreußen in einer Vielzahl kleinerer Ortschaften und Städten stationierte Husaren-Regiment Nr. 7 war Ende des Jahres 1743 in Köpenick errichtet worden. Für seine Ergänzung mit Mannschaften standen dem Truppenteil bis 1772 die Kantone der Dragoner-Regimenter Nr. 9 und Nr. 10 (Ostpreußen) sowie dann der Kanton des Dragoner-Regiments Nr. 12 in Pommern zur Verfügung.

Tafel 31

In den Kriegen Friedrichs II. kämpfte das Regiment in den Schlachten bei Kesselsdorf, Groß Jägersdorf, Zorndorf, Kay und Landshut. Mit zwei Eskadronen war der Truppenteil auch bei Bergen und Minden eingesetzt. Im Jahre 1806 teilte die Truppe das Schicksal des Blücherschen Korps mit der Kapitulation bei Ratkau am 7. November. Nur Reste und das Depot gelangten nach Ostpreußen.

Zur Uniform der Angehörigen des Husaren-Regiments Nr. 7 gehörten die Flügelmützen aus Filz, zitronengelbe Dolmans, blauweiße Husarenschärpen für Unteroffiziere, Trompeter und Mannschaften (Offiziere silberne Schärpen), stahlblaue Pelze, gelblederne Hosen, stahlblaue Scharawaden und schwarze Husarenstiefel. Die Dolmane und Pelze waren mit weißem Schnurbesatz bei den Mannschaften und Unteroffizieren, blauweißem bei den Trompetern und silbernen bei den Offizieren geschmückt. Diese Schnüre auf dem Dolman und auf dem Pelz der Husaren lagen stets in 12, 15 und 18 Dreierreihen: bei Mannschaften, Unteroffizieren und Trompetern der Regimenter Nr. 1, Nr. 5, Nr. 7 und Nr. 8 zu 12 Reihen; bei denen von Nr. 4, Nr. 6 und den Belling-Husaren zu 15 Reihen; bei denen der restlichen Truppenteile zu 18 Reihen. Bei den Offizieren gestaltete sich dieser Schnurbesatz in einigen Regimentern abweichend: Nr. 1 hatte 15, Nr. 6 hatte 18 und Nr. 10 sogar 21 Reihen.

Die Säbeltaschen der Unteroffiziere und Mannschaften waren aus Leder und ihr Deckel tuchbezogen. Beim Regiment Nr. 7 gab es diese Säbeltaschen in Stahlblau mit weißer Umrandung und gleichfarbiger Stickerei einer Krone und des Namenszuges »FR« (Fridericus rex – König Friedrich). Deutlich sind hinter dem Sattel die Ausrüstung der Kavalleristen, d. h. der aufgeschnallte leinene Futtersack, darauf der Mantelsack (meist in der Farbe des Pelzes) und darüber schließlich der zusammengerollte Mantel, zu erkennen.

Die Angehörigen des Husaren-Regiments Nr. 7 führten Husaren-Säbel M 1721, das Paar Steinschloßpistolen M 1742 und einheitlich die Mittleren Husarenkarabiner M 1742.

Noch eine Anmerkung zur Stärke eines Husarenregiments: im Jahre 1743 sah der Etat 36 Offiziere, 80 Unteroffiziere, 10 Trompeter, 1020 Husaren, 10 Fahnenschmiede und 10 Feldschere sowie einen Unterstab mit einem Regimentsquartiermeister, einem Regimentsfeldscher, zwei Büchsenmacher und zwei Büchsenschäfter vor.

Tafel 32 **Bosniaken-Korps, Bosniak und Offizier**
Alle europäischen Armeen des 18. Jahrhunderts leisteten sich exotisch anmutende Truppen – so auch Preußen. Im Juli 1745 lief ein Trupp mohammedanischer

Tafel 32

Bosniaken (Bewohner Bosniens, heute in Jugoslawien) als die Soldzahlungen ausblieben, aus sächsischem Dienst ins preußische Lager über. Obwohl sich Friedrich II. einige Jahre zuvor sehr ablehnend über Lanzenreiter geäußert und ein nur kurze Zeit bestehendes Ulanenregiment in ein Husaren-Regiment (Nr. 4) umgewandelt hatte, wurden diese Bosniaken in die preußische Armee eingegliedert.

Die kleine Truppe – im Jahre 1762 auf ein Regiment zu zehn Eskadronen verstärkt – blieb lange dem Husaren-Regiment Nr. 5 zugeteilt und handelte im Siebenjährigen Krieg mit diesem Truppenteil auch gemeinsam. Die Bosniaken zeichneten sich vor allem gegen die ihnen im Kampf ähnelnden russischen Kosaken aus und fochten in den Schlachten bei Groß Jägersdorf, Zorndorf und Kay.

Nach dem Krieg wieder auf zwei Eskadronen verringert, wurden die Bosniaken 1770/71 erneut auf Regimentsstärke zu zehn Eskadronen gebracht und auch als Nr. 9 in der Gruppe der Husarenregimenter geführt. Die Truppe ergänzte sich besonders durch angeworbene Mohammedaner aus polnischen und russischen Gebieten und war in kleinen Ortschaften und Städten Ostpreußens stationiert. 1799 wurden die Bosniaken in ein Korps Towarczys umgewandelt. Diese gehörten 1806/07 zum Reservekorps der preußischen Armee, um zunächst ein Ulanenregiment zu werden und dann die Ulanen-Regimenter Nr. 1 und Nr. 2 zu bilden.

Zu Anfang kleidete sich noch jeder Angehörige des Bosniaken-Korps nach seinem eigenen Geschmack. Dann begannen sich wohl bestimmte Regelungen in der Bekleidung durchzusetzen. Bis in die 70er Jahre des 18. Jahrhunderts hinein dominierte die orientalische Tracht in der Uniformierung der Bosniaken. Sie trugen einen rotweißen Turban, eine weite weißbesetzte, schwarze Jacke, darunter eine rote Weste sowie rote türkische Hosen.

Die hier auf der Abbildung von Adolph Menzel wiedergegebene Sommeruniform des Bosniaken-Regiments aus roter dolmanartiger, aber nicht verschnürter Jacke und gleichfarbiger weiter Hose (innen mit Leder besetzt) wurde offenbar in den letzten Regierungsjahren Friedrichs II. eingeführt. Als Kopfbedeckung kamen husarenartige Pelzmützen auf. Die bis zu den Knien reichende, sogenannte Katanka des Offiziers war auf der Brustseite reich mit silbernem Schnurbesatz – wie auf den Dolmans der Husarenoffiziere – verziert. Kragen und Ärmelaufschläge der Offiziersuniform sollen schwarz gewesen sein.

Tafel 33 Bosniaken-Korps, Bosniak

Diese Bosniakentruppe muß Adolph Menzel derart beeindruckt haben, daß er ihr in dem ansonsten knapp bemessenen Werk noch eine weitere Tafel

Tafel 33

widmete. Sie zeigt nun einen Bosniaken in der Winteruniform, wie sie gegen Ende der Herrschaft Friedrichs II., also bei Eintritt in die 80er Jahre des 18. Jahrhunderts, getragen wurde.

Zu dieser Uniformart zogen die Bosniaken eine lange schwarze, pelzgefütterte Katanka mit einem weißen Pelzkragen über. Die Offiziere hatten einen roten Kragen. Auf der Brustseite der Katanka befanden sich bei den Unteroffizieren drei weiße Schleifenpaare mit Puschel. Bei den Trompetern waren dieselben orangeweiß, während die Offiziere wieder ein silberner Schnurbesatz (aber nicht so eng gelegt wie bei der Sommeruniform) auszeichnete. Außerdem hatten die Unteroffiziere und die Trompeter die weiße bzw. orangeweiße Borte um die Ärmelaufschläge und die analoge farbige Spitze am weißen Federbusch. Um die Taille geschlungen, führten die Mannschaften, Trompeter und Unteroffiziere eine rotorangefarbene Leibbinde; die Offiziere ihre schwarzsilberne Schärpe.

In einem angenommenen Kampf, mit einem österreichischen Infanteristen dargestellt, illustrierte Adolph Menzel hier den Gebrauch der etwa 4,65 m langen Lanze durch einen Bosniaken. Zu dieser Lanze und zu den Lanzenfähnchen gibt es in der Literatur die unterschiedlichsten Angaben. Die Stange der Lanze war offenbar zunächst schwarzrot geringelt, dann aber wohl nur noch schwarz. Das Fähnchen soll um 1780 im oberen Teil immer rot und unten eskadronsweise verschiedenfarbig gewesen sein. Knapp zehn Jahre später werden Schwarz und dazu die Eskadronsfarbe genannt. Die Unteroffiziere sollen im oberen Teil des Fähnchens die stilisierte goldene Sonne und im unteren Teil den zur Sonne fliegenden preußischen Adler geführt haben. Auch die Offiziere des Bosniaken-Korps waren mit Fähnchen an ihren Lanzen ausgestattet, nur waren diese sehr viel reichhaltiger bestickt.

Außer mit den Lanzen waren die Bosniaken mit dem Husaren-Säbel M 1721 und Steinschloßpistolen M 1742 – an einem breiten Bandelier getragen – bewaffnet.

Tafel 34

Tafel 34 Reitende Artillerie, Kanoniere

Aufgrund der im Kampf mit den russischen Truppen gemachten Erfahrungen – in der zaristischen Armee führten die Dragonerregimeter je zwei leichte Geschütze mit –, stellte Friedrich II. im April 1759 bei Landshut eine Einheit reitender Feldartillerie (als Brigade bezeichnet) auf. Ihre sechs leichten 6-pfündigen Geschütze, gezogen von je sechs Pferden, wurden von drei Unteroffizieren und 42 Kanonieren unter dem Befehl eines Sekondeleutnants bedient. Diese Truppe wurde zunächst dem Dragoner-Regiment Nr. 11 zugeteilt, aber noch im gleichen Jahr selbständig.

Zusammen mit dem Großteil der preußischen Armee ging die Einheit reitender Artillerie am 12. August 1759 in der Schlacht bei Kunersdorf verloren. Unmittelbar danach bei Fürstenwalde erneut errichtet, fiel sie bei Maxen am 21. November desselben Jahres der österreichischen Armee in die Hände. 1760 ein drittes Mal mit zehn 6-Pfündern geschaffen, wurde sie nach Kriegsende aufgelöst, um schließlich 1773 in Potsdam wieder zu entstehen.

Diese Stadt blieb bis 1778 Garnisonsort der Reitenden Artillerie, dann lagen die nunmehr vorhandenen drei Batterien in Berlin. Die Ergänzung der Truppe erfolgte aus Kommandierten der Feldartillerie-Regimenter Nr. 1, Nr. 2 und Nr. 3. Die weiter verstärkte Truppe bildete 1805 das Reitende Artillerie-Regiment, das 1806 aufgelöst wurde. Insgesamt erwies sich die reitende Artillerie als sehr wirksam und wurde bald von den meisten Armeen übernommen.

Außer der reitenden Artillerie gehörten zur Waffengattung Artillerie noch die sehr viel stärkere und bedeutendere Fußartillerie und die Garnisonartillerie. Letztere gab es bereits seit dem Jahre 1717, als vier Kompanien für die Festungen Magdeburg, Stettin, Pillau und Wesel errichtet wurden. Auch die Garnisonartillerie wurde, da ihre Bedeutung offensichtlich war, in der Folgezeit verstärkt.

Im Unterschied zur Fußartillerie, die infanteristisch uniformiert war, entsprach die Uniformierung der reitenden Artilleristen mehr der der Dragoner. Es dominierte der dunkelblaue Uniformrock mit roten Schoßumschlägen, roter Paspel an Ärmelpatten, Rocktaschen und Rückennähten sowie gelben Knöpfen. Des weiteren gehörten der Hut, gelbe Westen, gelblederne Hosen und Stulpenstiefel sowie ein meist vorn am Sattel aufgeschnallter dunkelblauer, rotgefütterter Mantel zur Uniform der reitenden Artilleristen. Die rote Halsbinde hob die Feldartillerie – reitende und die zu Fuß – auch äußerlich von der Mehrzahl der Garnisonartillerie mit ihren schwarzen Halsbinden ab.

Am Bandelier der reitenden Artilleristen waren eine kleine hölzerne Pulverflasche und zwei Räumnadeln befestigt. Sie dienten zum »Einpudern« des Zündlochs und zum Anstecken der Kartusche im Rohr. Etwa seit Mitte der 50er Jahre des 18. Jahrhunderts führten die Kanoniere der Artillerie (die der reitenden Artillerie natürlich ab 1759) als Seitenwaffe den sogenannten Artillerie-»Pallasch«.

Tafel 35 Mineur-Korps, Offizier, Unteroffizier und Mineur

Schon im 17. Jahrhundert bildeten sich als Spezialtruppen die mit dem Bau von Brücken betrauten Pontoniere heraus, dann die für die Errichtung von Feldbefestigungen bestimmten Sappeure und die im

Tafel 35

unterirdischen Festungskampf eingesetzten Mineure. Adolph Menzel stellte je einen Vertreter aller Dienstgradgruppen der Mineure dar: einen Mineur, der mit Pechpfanne und Zündschnur einen gemauerten Durchgang betritt, dahinter einen Unteroffizier und einen hochblickenden Offizier.

Friedrich II. ließ mit einer Order vom 25. November 1741 in Neiße vor allem aus Bergleuten ein Mineurkorps endgültig errichten. Schon unter seinem Vater Friedrich Wilhelm I. gab es 1715 eine kleine Truppe Mineure, bestehend aus einem Offizier, vier Unteroffizieren und 20 Mann. Sie wurde aber nach dem Feldzug gegen die Schweden in Pommern aufgelöst. Bis 1758 gehörten die neuaufgestellten zwei Kompanien Mineure anstelle der sonst üblichen Grenadiere zum Regiment Pioniere (Nr. 49 der Stammliste), dann wurden sie ein selbständiges Korps. Kurze Zeit, bis 1748, war ein mit gleichem Befehl Friedrichs II. geschaffenes Pontonierkommando mit den Mineuren vereinigt.

Im Siebenjährigen Krieg handelten die Mineure 1762 hauptsächlich vor der Festung Schweidnitz, allerdings nur mit geringem Erfolg. Je eine Mineurkompanie lag in den Festungen Neiße und Glatz. In Glatz kam 1773 eine 3. Kompanie und in Graudenz 1780 eine 4. Komanpie hinzu. Die Mineure in Glatz und Graudenz wurden 1810 in die Preußische, Brandenburgische und Schlesische Pionierkompanie übernommen.

Die Uniformierung der friderizianischen Mineure blieb ähnlich der der Artilleristen ziemlich schmucklos. So war der blaue Uniformrock der Unteroffiziere und Mannschaften ohne farbige Abzeichen, aber rotgefüttert. Die Unterbekleidung (Weste und Hose) war orangefarben. Einzig der Uniformrock der Offiziere wies als Schmuckbesatz 26 silberne Schleifen auf.

Die relativ niedrigen Mineurmützen entsprachen in der Fertigungsart den Füsiliermützen, hatten aber oben einen weißen Puschel statt Glocke und Flamme. Die Mineurmütze gab es in einer doppelten Ausführung. Zur Arbeit setzten die Mineure eigentlich schwarze Mützen ohne jeglichen Zierat auf. Sonst wurden orangefarbene von den Unteroffizieren und Mannschaften getragen. Diese Mützen waren mit einem Vorderschild aus Weißmetall versehen, auf dem sich geprägt der preußische Adler mit dem Devisenband »PRO GLORIA ET PATRIA« und überhöht eine Krone sowie an den Seiten die Attribute der Mineure (Hacken usw.) befanden. An den Seiten war je eine stilisierte Flamme und hinten eine Brandkugel mit drei solchen Flammen angebracht.

Als Seitenwaffe führten die Unteroffiziere und Mannschaften der Mineure ebenfalls wie die Artilleristen den sogenannten Artillerie-»Pallasch«; was die Offiziere des Mineur-Korps betrifft, führten sie sicher den Infanterieoffiziersdegen.

Tafel 36 Ingenieur-Korps, Conducteur und Offizier/ Feldartillerie, Offizier

Einen Eindruck von nüchterner Sachlichkeit und bürgerlicher Geschäftigkeit hinterläßt diese Abbildung Adolph Menzels. Ein Ingenieuroffizier und ein Offizier der Feldartillerie besprechen anhand ausgebreiteter Pläne ein Problem – vielleicht die Armierung einer Festung. Als Offiziere dieses Ingenieur-Korps und der Feldartillerie dienten während der Kriege Friedrichs II. nicht wenige Bürgerliche. Für die Tätigkeit beim Festungsbau und beim Einsatz der Geschütze in der Schlacht wurden naturwissenschaftlich-technische Kenntnisse verlangt. Zudem blieb den Bürgerlichen das Offizierskorps der Infanterie und der Kavallerie – ausgenommen vielleicht noch die Husaren – versperrt.

Bereits im Jahre 1728 ließ der Vater Friedrichs II., König Friedrich Wilhelm I., die bis dahin einzelnen, in den Festungen tätigen 29 Offiziere und Ingenieure zu einem Ingenieur-Korps zusammenfassen. 1750 sah der Etat dieses Korps eine Stärke von 36 Offizieren und vier Conducteuren (Bauaufseher als Gehilfen der Offiziere) sowie drei Ingenieure des Potsdamer Generalquartiermeisterstabes vor.

Das Korps arbeitete überwiegend an der Verstärkung der Festungen Schweidnitz, Glatz, Neiße und anderer Orte in Schlesien sowie in den 1772 okkupierten polnischen Gebieten Westpreußens. Dazu gehörte auch der Neubau der Festung Graudenz. In den Kriegen wurden die Ingenieuroffiziere mit weiteren Aufgaben wie dem Abstecken der Lager betraut.

1806 wurde das Ingenieur-Korps nach den Niederlagen der preußischen Armee und nach den Kapitulationen der Mehrzahl der Festungen aufgelöst. Seine Angehörigen konnten jedoch 1809 in das neuaufgestellte Ingenieur-Korps übernommen werden.

Während der Offizier der Fußartillerie – abgesehen von der schwarzsilbernen Offiziersschärpe und der sonst nicht mehr üblichen Tresse an der Weste (bis zum Jahre 1786 von den Artillerieoffizieren geführt) – sehr schlicht, eben bürgerlich, uniformiert war, stach der Ingenieuroffizier hier mit seinem reichlich geschmückten Uniformrock mit den 22 silbernen

Tafel 36

Schleifen hervor. Am blauen Uniformrock hoben sich der rote Kragen und die gleichfarbigen Rabatten, Ärmelaufschläge und Schoßumschläge deutlich ab. Auch die Unterbekleidung war rot. Dazu trug der Ingenieuroffizier einen schwarzen Hut mit einer breiten, gebogenen Tresse und die schwarze Halsbinde.

Der rangmäßig zwischen einem Unteroffizier und einem Offizier befindliche Conducteur ist gewissermaßen mit der Interimsuniform der Ingenieuroffiziere bekleidet. Als Kopfbedeckung diente ein Hut ohne Tresse, aber mit Kokarde, darüber eine Silberschlinge sowie ein schwarz-silberner Kordon.

Tafel 37 Adliges Kadetten-Korps, Kadetten/Invaliden-Korps, Invaliden

Scheu nähern sich zwei Jungen des Adligen Kadetten-Korps einem armamputierten alten Invaliden auf der Sitzbank. Im Hintergrund lehnt ein anderer Invalide auf Krücken gestützt an einem Baum. Adolph Menzel verschwieg nicht, daß der Krieg besonders auch Schmerz, Elend, Verzweiflung und gar Tod bedeutet.

Wie damals in allen feudalen Ländern üblich, blieb auch in Preußen die Versorgung der Kriegsinvaliden weit hinter den Notwendigkeiten zurück. Noch Garnisondienstfähige kamen in Garnison- oder Landregimenter. Für vollständig invalide Soldaten, Unteroffiziere und auch Offiziere ließ Friedrich II. in den Jahren 1747 und 1748 in Berlin ein Invalidenhaus errichten (Grundsteinlegung am 2. Mai 1747, Eröffnung am 15. November 1748). Dessen 600 Plätze, auf drei Kompanien verteilt, reichten aber nicht aus.

Als Uniform blieb den Invaliden der Hut, ein einfacher blauer, rotgefütterter Rock mit blauen Rabatten und Ärmelaufschlägen, ebensolche Westen mit Ärmeln, lange Hosen und schwarzes Schuhwerk. Da ein gewisser militärischer Dienst weiter geleistet wurde, gab es für die Angehörigen des Berliner Invalidenhauses fernerhin noch 50 Gewehre mit Bajonett und Patronentasche sowie Infanteriesäbel M 1715. Auch sechs gefütterte Mäntel für Wachtposten waren vorhanden.

Gleichfalls in Berlin war das 1717 aufgestellte Adlige Kadetten-Korps untergebracht. In dieses Korps traten junge Adlige aus dem In- und Ausland sowie auch einige Söhne gefallener bzw. verdienter bürgerlicher Offiziere, alle meist ab 10. Lebensjahr, ein. Im Jahre 1756 lebten im Berliner Kadettenhaus 236 Kadetten in vier Kompanien. Ein zusätzliches Vorkorps war ab 1744 dem Militärwaisenhaus in Potsdam angegliedert. Es umfaßte 50 Stellen. Später kamen weitere Einrichtungen hinzu: das Kadettenhaus in Stolp 1769, das in Kulm 1776 und das in Kalisch 1793. Diese Kadettenkorps blieben, von der Katastrophe 1806 unbeschadet, weiter bestehen, bis sie 1920 als Forderung des Versailler Vertrages aufgelöst wurden.

Tafel 37

Als künftige Offiziere trugen die Kadetten selbstverständlich eine Uniform, reicher ausgestattet als die der Invaliden, die ihre Schuldigkeit bereits getan hatten. Den Hut zierte beispielsweise eine silberne Borte, ebenso den Ärmelaufschlag. Als Seitenwaffe ist der Infanteriesäbel M 1715 gezeichnet.

Tafel 38 Freikorps v. Schony, Grenadier/Freikorps v. Kleist, Kroatischer Infanterist

Die preußischen Freitruppen waren besondere Formationen leichter Infanterie und Kavallerie, die hauptsächlich im Siebenjährigen Krieg aufgestellt wurden. Sie setzten sich oft aus beutegierigen Abenteurern und Deserteuren der gegnerischen Armeen zusammen. Friedrich II. wollte mit ihnen ein Gegengewicht zu den Kroaten und Panduren der österreichischen Armee schaffen. Die Freikorps galten nur als Hilfstruppen, die zu Streifzügen und zur Sicherung sowie gegen Kriegsende nicht selten auch in der Schlacht eingesetzt wurden. Feldgeistliche vermochten – siehe die vergebliche Drohgebärde des Predigers – Disziplin und Moral kaum zu beeinflussen.

Aus der Vielzahl der Freiformationen wählte Adolph Menzel, hier kartenspielend, rauchend und zechend von ihm dargestellt, Infanteristen der Freikorps des Ungarn v. Schony und des Preußen v. Kleist aus. Das erstgenannte Korps entstand Ende Mai 1761 nach der Kapitulation von Breslau aus ungarischen Kriegsgefangenen. Es erreichte schließlich 1762 eine Stärke von vier Eskadronen Husaren und vier Kompanien Grenadiere. Diese fochten mit pommerschen Frei-Grenadieren auch bei Burkersdorf. Nach dem Krieg wurde das Korps aufgelöst: die Husaren kamen in schlesische Husarenregimenter und die Grenadiere ins Garnison-Bataillon Nr. 3.

Den größten Verband der Freiformationen bildete das 1759 aus desertierten Kroaten und Ungarn aufgestellte und weiter durch Werbungen im Raum Berlin, Magdeburg und Leipzig verstärkte Freikorps des Chefs des Husaren-Regiments Nr. 1, Friedrich Wilhelm v. Kleist. Ebenfalls nach Kriegsende aufgelöst und auf schlesische Infanterie- und Kavallerieregimenter aufgeteilt, umfaßte es schließlich: das Regiment Frei-Dragoner (auch Grenadiere zu Pferde) mit zehn Eskadronen, das Regiment Frei-Husaren und -Ulanen mit ebenfalls zehn Eskadronen, das Regiment »Ungarische Infanterie« (Kroaten, hier abgebildet) mit zwei Bataillonen und die zwei Kompanien Frei-Jäger sowie eine Batterie zu sechs leichten Geschützen, die den Dragonern zugewiesen war. Alles zusammen erreichte das Korps wohl etwa 4000 Mann. Geschlossen nahm das Freikorps an der Schlacht bei Freiberg teil; die Dragoner fochten auch noch bei Torgau, ebenso die Husaren und die Jäger.

Tafel 38

Vor allem die Pelzmütze der Grenadiere vom Korps
v. Schony und die verschnürte Uniform des kroati-
schen Infanteristen aus dem Korps v. Kleist weisen
auf die vorrangige Herkunft der Angehörigen dieser
beiden Freiformationen aus österreichischen Deserteuren hin.

**Tafel 39 Grenadier-Garde-Bataillon,
Unteroffizier und Grenadiere**

Nachdem Adolph Menzel bereits einen Offizier dieses
Grenadier-Garde-Bataillons (Nr. 6 der Stammliste)
vorgestellt hatte, folgt hier eine auf das Jahr 1756 da-

tierte Darstellung von Grenadieren dieses Truppenteils in einer Angriffsszene.

Seine Geschichte führte das Bataillon auf das 1675
aus einem märkischen Landesaufgebot errichtete Regiment Kurprinz zurück. Als Friedrich II. 1740 die
»Riesengarde« seines Vaters König Friedrich Wilhelm I., das Regiment des Königs Nr. 6, auflöste,
wurde aus dessen I. Leib-Bataillon das Grenadier-
Garde-Bataillon. Der Mannschaftsersatz wurde durch
Abgaben anderer Infanterieregimenter über das Anfang des 18. Jahrhunderts gebildete »Corps der Unran-
girten« gestellt, in dem die Soldaten nochmals gedrillt
wurden, sowie zusätzlich aus dem sogenannten Königskanton in Schlesien. Potsdam war Garnisonort.

Obwohl Gardetruppe, nahm das Bataillon an den
Schlachten von Hohenfriedeberg, Soor, Roßbach,
Leuthen, Hochkirch, Liegnitz und Torgau teil. Außerdem fochten Teile mit den Grenadieren des Infanterie-Regiments Nr. 3 bei Hohenfriedeberg, Soor, Lobositz, Breslau, Leuthen, Hochkirch und Torgau bzw.
waren bei Liegnitz anwesend. Die Geschichte des
Grenadier-Garde-Bataillons endete zwar 1806 mit der
Einbeziehung in die Kapitulationen von Erfurt und
Prenzlau am 16. und 28. Oktober, doch wurde die Tradition der Gardetruppen im Unterschied zu anderen
Truppenteilen in der neuaufgestellten Garde weiter-
geführt.

Friedrich II. bevorzugte im Unterschied zu seinem
Vater Silber statt Gold für die Zierelemente der Uniform, beließ jedoch den Angehörigen des Grenadier-
Garde-Bataillons die goldfarbenen bzw. goldgestickten Schleifen auf dem Uniformrock. Ansonsten war
dieser bei den Mannschaften, Spielleuten und Unteroffizieren mit roten Ärmelaufschlägen und Schoßumschlägen sowie auch mit einem roten Kragen (hier
nicht gezeichnet) versehen. Im Unterschied zur Uniformierung der anderen Truppenteile gab es noch einige Extras: die Unteroffiziere hakten wohl die
Schoßumschläge wie die Offiziere zusammen, knöpften sie also nicht zu; schnallten ebenso wie jene ihre
Seitenwaffe, den Infanteriesäbel M 1715, unter die
Weste; besaßen auch eine weiße Halsbinde (hier
fälschlich rot koloriert) anstelle der roten bei den

Tafel 39

Mannschaften und Spielleuten. Herausragendes Uniformteil im wahrsten Sinne des Wortes war die etwa 30 cm hohe Grenadiermütze mit einem Vorderschild und einem dreiteiligen Kranz aus Messingblech. Ihre Ornamentik war gegossen und geprägt. Auf der Vorderseite fiel besonders der große Gardestern auf, hinten war es die Inschrift »KÖNIGS REGIMENT«.

Die Grenadiere haben ihre Düllenbajonette auf die Steinschloßgewehre aufgepflanzt. Der Unteroffizier trägt ein Kurzgewehr neuer Art, das nach 1755 eingeführt worden war. Man bezeichnete es auch als »Kurzgewehr für Musketier-Unteroffiziere«, die der älteren Art auch als »Kurzgewehr für Füsilier-Unter-

offiziere«. Von August 1756 an erhielten die drei ältesten Unteroffiziere der Grenadierkompanien ein Kurzgewehr mit pikenförmiger Spitze (Gesamtlänge etwa 4 m), die »Pike für die Unteroffiziere der Grenadiere«. Die anderen Grenadierunteroffiziere führten weiter das hier abgebildete Kurzgewehr neuer Art und behielten die seit 1744 an sie ausgegebenen gezogenen Gewehre, die sie eigentlich umgehängt trugen.

Tafel 40 I. Bataillon Garde, Musketiere und Unteroffizier

Vor der im Bogen nach links hochführenden Treppe der Communs am Potsdamer Neuen Palais stehen – von Adolph Menzel so gezeichnet – zwei Musketiere des I. Bataillons Garde des Regiments Garde (Nr. 15 der Stammliste) Wache. Sie wurden wohl gerade durch einen grimmig dreinschauenden Unteroffizier kontrolliert.

Der Truppenteil führte seine Geschichte auf das Jahr 1688 zurück, als er aus französischen hugenottischen Flüchtlingen gebildet wurde. Im Zuge einer Umformierung 1740 wurde aus dem I. Bataillon das »I. Bataillon Leibgarde« eines neuen Regiments. Ein II. Bataillon entstand aus der zweiten Grenadierkompanie des kronprinzlichen und Mannschaften des alten Königs-Regiments (Nr. 6) und ein III. Bataillon Garde aus Leuten aller Infanterieregimenter. Später wurden die Mannschaften in der gleichen Art und Weise ersetzt wie zuvor beim Grenadier-Garde-Bataillon geschildert. Alle drei Bataillone lagen in Potsdam in Garnison.

Das I. Bataillon Garde handelte mit bei Mollwitz und bewies ungeachtet sehr hoher Verluste große Standfestigkeit in der Schlacht bei Kolin. Das Regiment Garde, d. h., das II. und das III. Bataillon, kämpfte bei Chotusitz, Hohenfriedeberg, Soor, Kolin (ein Bataillon), Roßbach, Leuthen, Hochkirch, Liegnitz, Torgau und Burkersdorf. Die Grenadiere beider Bataillone waren zusammen mit denen des Infanterie-Regiments Nr. 18 eingesetzt (siehe dazu den Text von Tafel Nr. 15). Ebenso wie das Grenadier-Garde-

81

Tafel 40

Uniformröcken ab. Auffällig ist weiterhin, daß im Unterschied zu anderen Regimentern auch die Mannschaften wie die Unteroffiziere eine silberne Tresse um den Rockkragen hatten. Die Unteroffiziere hoben sich wiederum von den Mannschaften durch einen roten Federbesatz am Hut und vor allem noch durch eine andere Schleifenform an ihren Uniformröcken ab. Um die recht kostbaren Uniformen des I. Bataillons Garde zu schonen, besaßen seine Angehörigen zusätzlich eine einfachere Interimsuniform, an der die meisten Schmuck- und Zierelemente entfielen.

Bewaffnet waren die Mannschaften des Bataillons mit Steinschoßgewehren und Infanteriesäbeln M 1715. Auch dieser Gardeunteroffizier verzichtete nicht auf den unvermeidlichen Stock.

Tafel 41 **Carde du Corps, Pauker und Standartenjunker**

Gleich zu Beginn seiner Herrschaft errichtete Friedrich II. 1740 eine Lehr-Eskadron mit Garderang. Diese Eskadron Garde du Corps, die »creme« der preußischen Armee, wurde 1756 durch zwei vollständig übernommene Eskadronen sächsischer Garde du Corps, die bei Pirna am 16. Oktober in Gefangenschaft geraten waren, zu einem Regiment (Nr.13 der Stammliste) erweitert. Teile von diesen gepreßten Kriegsgefangenen mußten ein Jahr später durch Mannschaften anderer preußischer Kürassierregimenter ersetzt werden. Auch nach dem Krieg verfügte der Truppenteil über keinen eigenen Kanton, sondern erhielt als Ersatz nur gediente, also schon ausgebildete Mannschaften anderer Kavallerieregimenter. Wie die Garde insgesamt genossen die Garde du Corps einige Vorrechte, beispielsweise eine höhere Löhnung, bessere Verpflegung und Unterkunft. Auch rangierten die Offiziere der Garde stets einen Dienstgrad über denen der Linie.

In den Kriegen Friedrichs II. kämpfte die Truppe in den Schlachten bei Hohenfriedeberg, Soor, Lobositz, Prag, Kolin, Roßbach, Leuthen, Zorndorf, Hochkirch, Liegnitz und Torgau. Der einem der Kommandeure der Garde du Corps nachgesagte Spruch, eine

Bataillon wurden diese drei Gardebataillone 1806 nach den Kapitulationen von Prenzlau und Erfurt am 28. und 16. Oktober zwar aufgelöst, konnten jedoch ihre Tradition im neuentstandenen Garde-Regiment zu Fuß fortführen.

Als Lieblings- und Gardetruppenteil Friedrichs II. besaßen die Angehörigen des I. Bataillons Garde eine besonders reichhaltige und auffallende silberne Schleifenstickerei auf ihren Uniformröcken. Um Platz für die großen Schleifen an den Ärmelaufschlägen zu schaffen, waren diese sehr breit gearbeitet. Der Kragen, die Ärmelaufschläge und die Schoßumschläge hoben sich rot und damit deutlich von den blauen

Tafel 41

misett (der Weste) war die blaue Borte von zwei schmalen silbernen Streifen eingerahmt.

Der links herangaloppierende Pauker besaß wie die Trompeter dieser Kavalleriegattung keinen Küraß. Die silbernen Besatzanreicherungen an den Schwalbennestern, auf den Ärmelbalken und auf den hinten am Kollet angebrachten sogenannten Trompetenflügeln waren von rotsamtenen Streifen durchzogen. Anzumerken ist, daß analoge Besatzanreicherungen an den Flügeln und Ärmelbalken bei den anderen Kürassierregimentern nach 1763 fortfielen, aber hier bei den Garde du Corps blieben.

Ganz in den Vordergrund hat Adolph Menzel einen Standartenjunker der Garde du Corps gestellt. Er trägt die Standarte in der etwas eigenartigen, bis 1798 üblichen Vexillumform. Die Maße des Tuchs sind mit 50 cm mal 50 cm für die älteste Eskadron der Truppe angegeben. In friderizianischer Zeit führten die Garde du Corps noch nicht den Gardestern auf den Schabracken und Schabrunken.

Die Angehörigen dieses Gardetruppenteils besaßen mit dem Kürassier-Degen der Garde du Corps 1732 eine besonders gearbeitete Waffe, deren Gefäß und Scheide versilbert waren. Der Standartenjunker führt vorn am Sattel ein Paar Steinschloßpistolen (wohl M 1731).

Schlacht sei noch nicht verloren, solange diese Truppe noch nicht attackiert hätte, ist zwar bei dem umfangreichen Schlachtenkalender nicht unberechtigt, dokumentiert aber wohl mehr Elitedünkel. Nach der Niederlage der preußischen Armee 1806 konnte sich das Regiment Garde du Corps geschlossen von Thüringen nach Ostpreußen retten und bestand somit weiter.

In ihrer Uniformierung unterschied sich die Garde du Corps von den anderen Kürassieren dadurch, daß diese keine geschwärzten, sondern blank polierte Kürasse trugen. Das paillefarbene Kollet wies rotsamtene Borten mit silbernen Mittelstreifen auf. Am Chemisett (der Weste) war die blaue Borte von zwei

Tafel 42 Flügeladjutant der Infanterie/Garde du Corps/Regiment Gens d'armes, Offiziere

Auf einer Schloßtreppe beieinander stehend, finden sich drei Offiziere zum Gespräch zusammen. In der Mitte ein Offizier des zuvor besprochenen Regiments Garde du Corps in der speziellen Uniform für das Hofwacht-Kommando mit der sogenannten Supra-Weste. Diese war eine Kasake, wie sie nach französischem Vorbild an vielen europäischen Höfen zum Palastdienst getragen wurde. Besonders sticht hier der große, beinahe die gesamte Brustseite bedeckende silbergestickte Gardestern ins Auge. Das gleiche Emblem befand sich auch auf der Rückseite der Supra-Weste.

Der links dargestellte Flügeladjutant – nach 1756

Tafel 42

streicht den hohen Rang auch dieses exklusiven Truppenteils der Kürassiergattung. Das Hauptbekleidungsstück, den roten, blaugefütterten Galarock, hatte Friedrich II. 1740 eingeführt. Zusätzliche Abzeichen am Uniformrock waren die blauen Ärmelaufschläge und der ab 1753 hinzukommende blaue Kragen.

Das Regiment führte seine Geschichte auf die dritte, deutsche Kompanie der »Grands Mousquetaires« des Kurfürsten Friedrich Wilhelm von Brandenburg zurück. Unter König Friedrich II. lag es in Berlin in Garnison. Sein Mannschaftsersatz kam aus der Altmark und aus Halberstadt.

In den Schlesischen Kriegen beteiligten sich die Eskadronen des Regiment Gens d'armes an den Schlachten bei Mollwitz, Hohenfriedeberg, Soor, Lobositz, Roßbach, Leuthen, Zorndorf, Hochkirch, Liegnitz und Torgau. Gewissermaßen typisch für den Niedergang der preußischen Armee war das arrogant provozierende Auftreten jüngerer Offiziere des Regiments vor der französischen Botschaft in Berlin bei Kriegsbeginn 1806 und ihr anschließendes Versagen im Kampf. Das Regiment wurde bei Wichmannsdorf am 27. Oktober zersprengt und endete durch die Kapitulation bei Anklam am 1. November jenes Jahres.

Tafel 43 **Sanitätswesen, Feldscher und Lazarettgehilfe/Husaren-Regiment Nr. 6, Husar**
Um einen verwundeten Husaren des Husaren-Regiments Nr. 6 bemühen sich ein Feldscher und ein Lazarettgehilfe. Vor allem zwei Faktoren beeinflußten im 18. Jahrhundert das preußische Sanitätswesen: das Interesse Friedrichs II. an einer gewissen medizinischen Betreuung der kostspielig gewordenen und langwierig auszubildenden Soldaten sowie fehlende Mittel dazu und eine unzureichende Ausbildung der Ärzte. Hauptträger der Versorgung von Kranken und Verwundeten waren die Feldschere in den Truppenteilen und Einheiten. Schon in Friedenszeiten verfügten größere Garnisonen über Lazarette; im Kriege wurde ein Feldsanitätswesen mit Feld- und Sammellazaretten sowie Apotheken gebildet. Trotz der Bemühun-

hatte Friedrich II. in seiner Begleitung über 20 derartige Offiziere aus seiner Armee und manchmal auch aus fremden Diensten für die verschiedensten Generalstabsaufgaben – trägt die Gala-Uniform mit einer reichen silbernen Schleifenstickerei. Eine noch stärker geschmückte Uniform besaßen die Generaladjutanten mit ihrer Goldstickerei. Die Adjutanten der Infanterie unterschieden sich durch blaue Uniformröcke deutlich von den Adjutanten der Kavallerie, die weiße Uniformröcke anzogen.

Die ebenfalls mit goldgestickten Schleifen verzierte rote Interims-Gala-Uniform des rechts abgebildeten Offiziers aus dem Regiment Gens d'armes unter-

Tafel 43

fanterie Silberstickerei angegeben. Da die Feldschere keine Offiziere waren, führten sie auch nicht die schwarzsilberne Offiziersschärpe und kein Portepee am Degengriff.

Der abgebildete, an der Hüfte verletzte Husar gehört zum Husaren-Regiment Nr. 6. Es war im Winter 1741/42 zu zehn Eskadronen errichtet worden. Sein Mannschaftsersatz kam aus den Kantonen der Kürassier-Regimenter Nr. 4, Nr. 9 und Nr. 12 (alle befanden sich in Schlesien), und schlesische Ortschaften nahmen die Eskadronen in Garnison.

Das Regiment beteiligte sich in den Kriegen Friedrichs II. an den Schlachten von Hohenfriedeberg, Kesselsdorf, Prag, Kolin, Breslau, Leuthen, Hochkirch und Landshut. Im Jahre 1760 zeichnete sich der Truppenteil vor Kolberg aus, als er handstreichartig die belagerte Festung entsetzte. 1806 gelangte das Husaren-Regiment Nr. 6 noch nach Ostpreußen und wurde als 3. Husaren-Brigade umformiert, aber dann fast vernichtet, so daß seine Geschichte endete.

Die Angehörigen dieses Husarentruppenteils trugen schwarze Flügelmützen. Vor allem aber die braunen Dolmans, Pelze, Scharawaden und Mäntel mochten dazu beigetragen haben, daß diese Husaren mit dem Spitznamen »Fleischhauer« leben mußten, denn braun war in den deutschen Ländern auch die Bekleidung der Angehörigen der Fleischerzunft.

gen des Generalstabs-Medicus O. A. Cothenius (1708–1789) und anderer Mediziner blieb die medizinische Versorgung unzureichend.

Die Feldschere trugen meist einen schlichten blauen Uniformrock und paillefarbene lederne Hosen sowie Stiefel, aber auch eine Regimentsuniform war möglich. Die rote Weste zierte eine Weißmetallborte, die bei den Lazarettgehilfen jedoch fehlte. Dagegen kennzeichnete die Ober-Chirurgen eine reichhaltiger gestickte Borte an diesen Westen. Noch mehr solche Stickerei – auch am Hut und auf dem Uniformrock – fand sich bei den General-Chirurgen. In der Literatur wird für den der Artillerie Gold- und für den der In-

3.
Die Armee Friedrichs des Großen in ihrer Uniformierung (Auswahl)

Tafel 44 **Feldartillerie, Kanonier**
Der nunmehr folgende Kanonier der Feld- bzw. Fußartillerie der preußischen Armee soll die Reihe der schon dargebotenen Artilleristen – einen Hautboisten der Feldartillerie (Tafel Nr. 25), Kanoniere der reitenden Artillerie (Tafel Nr. 34) und einen Offizier der Feldartillerie (Tafel Nr. 36) – vervollständigen.

Tafel 44

ziere, dann in der Bombardierkompanie neun Unteroffiziere, 98 Bombardiere, sechs Zimmerleute und ein Tambour und in den fünf Kanonierkompanien 50 Unteroffiziere, 610 Kanoniere und fünf Tamboure. Die insgesamt 158 Bombardiere betätigten zum Teil die Haubitzen und Mörser bzw. fungierten als Geschützführer bei den Kanonen.

Die 1330 Kanoniere kamen meist zu den Bataillonsgeschützen vor allem der Grenadierbataillone (hier halfen ihnen die Zimmerleute dieser Bataillone) oder sie bedienten zusammen mit herangezogenen Garnisonkanonieren die schweren Geschütze der Artillerieparks. Für die Kriegszeit sind die jeweiligen organisatorischen Veränderungen in der Waffengattung Artillerie heute meist nicht mehr oder nur höchst lückenhaft nachvollziehbar.

Die Uniformierung aller Artilleristen war entsprechend ihrer immer noch handwerklich geprägten und mit sehr viel Pulverschmutz verbundenen Tätigkeit recht schlicht. Die Artilleristen trugen blaue, rotgefütterte Uniformröcke ohne Kragen und Rabatten. Die Ärmelaufschläge waren nur in der blauen Grundfarbe gehalten.

Es gab Uniformknöpfe aus Messing. Hinzu kamen schwarze Hüte (die Bombardiere nahmen ihre Mützen nicht mehr in den Siebenjährigen Krieg mit, setzten sie auch anschließend nicht mehr auf), rote Halsbinden, gelbe Unterbekleidung, schwarze Gamaschen und gleichfarbiges Schuhwerk.

Die Artilleriemannschaften führten eine weiße Bandborte um den Hutrand und dazu einen mehrfarbigen Kordon und Puschel (weiß-rot-schwarz-gelb).

Die Unteroffiziere kennzeichnete wie vorgeschrieben eine Goldborte am Hut und um die Ärmelaufschläge und Ärmelpatten sowie ein schwarzweißer Hutpuschel und Kordon.

In den Zweiten Schlesischen Krieg sollen Gewehre und Patronentaschen noch mit ins Feld genommen worden sein, während sie 1756 wohl zurückblieben. Die Artilleristen des 1. Bataillons besaßen als Seitenwaffe den sogenannten Artillerie-»Pallasch«, die des 2. Bataillons erst nur Bajonette, dann Seitengewehre aus sächsischen Beständen.

Bereits erwähnt wurde, daß die Feldartillerie in Brandenburg-Preußen erstmals 1698 militärisch in Kompanien formiert war. Im Jahre 1717 bildeten sechs Kompanien ein Bataillon Feld-Artillerie zu 793 Mann sowie noch 60 Überkomplette mit Berlin als Garnison. 1741 kam ein weiteres Bataillon hinzu, das aus einer Bombardierkompanie und fünf Kanonierkompanien bestand. Die gesamte Artillerie wurde jetzt als Feldregiment Artillerie bezeichnet.

Zu Beginn des Siebenjährigen Krieges 1756 zählte das 1. Bataillon sechs Kompanien mit 28 Offizieren, 60 Unteroffizieren, 60 Bombardieren, 720 Kanonieren und 19 Tambouren. Im 2. Bataillon dienten 25 Offi-

Tafel 45 **Profoß (Steckenknecht)**

Für die preußische Armee war wie für alle anderen Heere feudalabsolutistischer europäischer Staaten des 18. Jahrhunderts ein strenges und ausgeklügeltes Strafsystem unverzichtbar, um die Regimenter zu disziplinieren und zusammenzuhalten. Bei aller abgestuften Vielfalt und der auch damals schon empfundenen Härte der Strafen (siehe auch den Einführungstext auf den S. 28 ff.) dominierte doch der Wille des Königs und seiner Generale, die kostspieligen (jedenfalls die im Ausland geworbenen oder gepreßten) und langwierig gedrillten Soldaten am Leben zu erhalten und die Militärmacht funktionieren zu lassen. So gesehen, war der Alltag für die Soldaten in der preußischen Armee berechenbarer als für die oft sinnlosen Prügeleien durch ihre Offiziere und Unteroffiziere ausgesetzten russischen Soldaten, die auf Lebenszeit im zaristischen Heer dienen mußten und wohl auch menschlicher als für die durch sogenannte Preßgangs mit gnadenloser Brutalität in die britische Marine gezwungenen Menschen.

Der eingangs geschilderte Strafvollzug lag in seiner Durchführung in den Händen der als Profosse oder auch Steckenknechte bezeichneten Strafmeister der Regimenter. Ihr Wirken galt in der preußischen Armee als »unehrlich«, und dies drückte sich auch in der Uniform oder besser in der Bekleidung der Profosse aus.

Der hier abgebildete Profoß – Adolph Menzel stellte ihn am Ofen sitzend und Gertenruten schneidend dar und fügte zudem noch auf seinem Blatt darunter die bekannte Radierung von Daniel Chodowiecki (1726–1801) zum Spießrutenlauf hinzu – trägt einen einfachen grauen, grüngefütterten Uniformrock. An Abzeichen wies dieser Uniformrock nur noch einen grünen Kragen und ebensolche Ärmelaufschläge auf. Weiter kamen zur Bekleidung des Profoß grüne Unterbekleidung, grauschwarze Gamaschen und schwarze, abgerundete Schuhe hinzu. Der doch recht große schwarze Hut war mit grüner Borte eingefaßt.

Für die preußischen Profosse gab es auch noch andere Bekleidungsfarben. Aber ob braun, graubraun

Tafel 45

oder gelb – alle diese Farbtöne der Pariser Regence-Mode vom Anfang des 18. Jahrhunderts hatte Friedrich Wilhelm I. 1719 für diese »unehrlichen« Angehörigen der preußischen Armee ausgewählt, um vor dem französischen Gesandten diese Mode zu parodieren und so seine gegen Frankreich gerichtete Haltung zum Ausdruck zu bringen.

Wie bekannt, behielt Friedrich II. diese Uniformfarben für die Profosse bei. Einzig der General-Polizeimeister der preußischen Armee stand als Stabsoffizier mit der Uniform eines Offiziers von der Armee, also keiner spezifischen Regimentsuniform, natürlich über dieser Gruppe.

87

7*

Tafel 46 **Infanterie-Regiment Nr. 3, Musketier**

In der Vorderansicht hat Adolph Menzel diesen Musketier des Infanterie-Regiments Nr. 3 dargestellt. Den rechten Fuß leicht seitwärts gestellt und das Gewehr senkrecht durch den angewinkelten linken Arm gehalten, entspricht diese Haltung dem Befehl »Gewehr auf«.

Das Infanterie-Regiment Nr. 3 galt mit seinem Entstehungsjahr 1665 als sehr alt. Es war damals in Regensburg, Nürnberg und Frankfurt am Main durch Werbungen errichtet worden. 1679 erhielt der Truppenteil erstmals einen Regimentschef aus dem Fürstentum Anhalt – ein Zustand, der sich beinahe ein Jahrhundert lang nicht ändern sollte. Berühmtester Chef war von 1693 bis 1747 Fürst Leopold von Anhalt-Dessau. Als eine Besonderheit in der Struktur bestand dieses Regiment von 1718 bis 1787 aus drei Bataillonen.

Die Mannschaften des Truppenteils kamen außer durch Werbungen aus dem Kanton im Raum Magdeburg, Halberstadt und Halle. In Halle lag das Regiment auch meist in Garnison. Nicht zuletzt die von den Offizieren praktizierte Art und Weise der Werbung sorgte für ständige Konflikte mit der Universität Halle. Auch die im Regiment vorherrschenden Ausbildungsmethoden, die durch den »alten Dessauer«, den Drillmeister der preußischen Infanterie, ausschließlich auf unbedingten Gehorsam, Exaktheit und Schnelligkeit beim Laden und Feuern gerichtet waren, wirkten abstoßend. Trotzdem schnitt das Infanterie-Regiment Nr. 3 wie andere so gedrillte Truppenteile auch in den Kriegen Friedrichs II. nicht so wie erwartet ab. Regimenter, in denen zwar auch hart exerziert wurde, die aber unter im Sinne der Aufklärung menschlich handelnden und geistig beweglichen Chefs wie Generalfeldmarschall v. Schwerin geformt wurden, leisteten weitaus mehr als die besonders hart behandelten.

Das Infanterie-Regiment Nr. 3 nahm an den Schlachten von Hohenfriedeberg, Soor, Kesselsdorf, Lobositz, Prag, Kolin, Kay und Liegnitz teil. Außerdem fochten die Grenadiere bei Mollwitz, Hohenfriedeberg, Soor, Lobositz, Breslau, Leuthen, Hochkirch

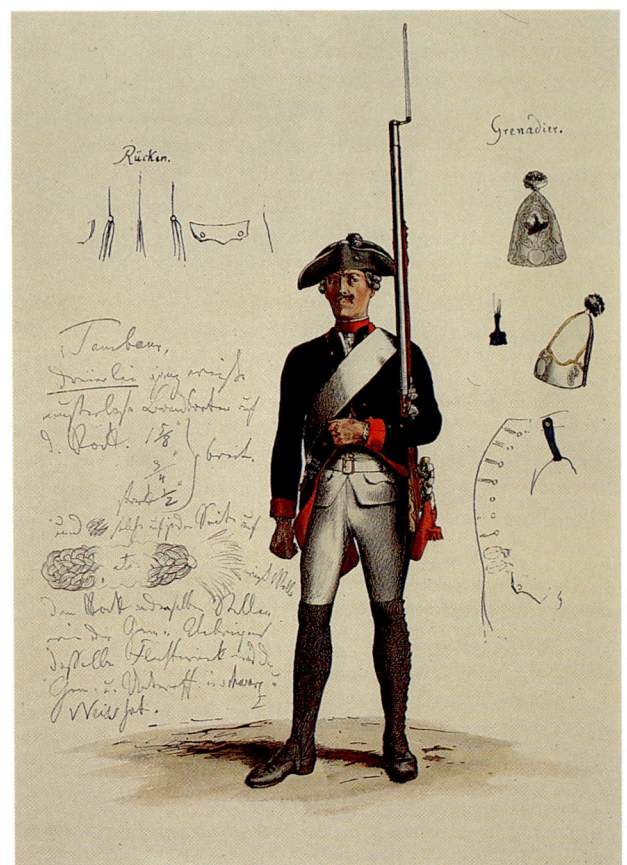

Tafel 46

und Torgau bzw. waren bei Liegnitz anwesend. Zwei Bataillone des Regiments versagten offenbar vor Dresden 1760 in den Augen Friedrichs II. derart, daß die Mannschaften ihre Seitenwaffen ablegen und wie die Unteroffiziere, Spielleute und Offiziere auf eine Reihe von Schmuckelementen an der Uniform (Hutkordon, -tressen usw.) zur Strafe verzichten mußten. 1806 mußte das Regiment mit der Besatzung der Festung Magdeburg am 11. November kapitulieren und wurde dann aufgelöst.

Im Hinblick auf die Waffen ist einmal auf den hellen Holzanstrich der Gewehre als Besonderheit hinzuweisen, denn bei den anderen Regimentern war dieser dunkel bis schwarz. Außerdem führten die Infanteristen dieses Regiments ein eigenständiges Pallaschmodell, daß sich vom sogenannten Artillerie-»Pallasch« der Infanterie-Regimenter Nr. 28 bis Nr. 30, Nr. 32 und Nr. 40 durch einen mit dunkelbraunem Leder überzogenen Holzgriff unterschied.

Tafel 47 Husaren-Regiment Nr. 2, Husar

Offiziere dieses so hervorragenden Husarentruppenteils wurden mit ihren überaus reichgeschmückten Uniformen bereits vorgestellt und dabei auch Angaben zur Geschichte des Regiments mitgeteilt (siehe den Text zu den Tafeln Nr. 13 und Nr. 28). Aus diesem Grunde sollen nur einige wenige Angaben zur Uniformierung und Bewaffnung der Mannschaften, Unteroffiziere und Trompeter folgen.

Auf der recht hohen braunen Pelzmütze steckte der 1762 eingeführte weiße Federbusch. Der Hauptschmuck dieser Pelzmützen bestand aber aus dem Kordongeflecht (Weiß für die Leibeskadron und sonst eskadronsweise verschiedenfarbig), das an der rechten Seite herabfiel und in zwei ovale Geflechte (Spiegel) und Quästchen endete. Die Unteroffiziere besaßen schwarzweiße und die Offiziere goldene Kordons mit schwarzsilbernen Spiegeln. Die Draufsicht der gesondert abgebildeten Pelzmütze zeigt deutlich den roten Kolpak.

Die Trompeter auch aller anderen mit Pelzmütze ausgestatteten Husarenregimenter setzten stets Flügelmützen mit schwarzweißem Kordongeflecht auf. Beim Regiment Nr. 2 waren diese Flügel mit silberner Borte eingefaßt.

Weitere Hauptbekleidungsstücke der Husaren dieses Truppenteils waren die roten Dolmans mit dunkelblauen Kragen und ebensolchen Ärmelaufschlägen sowie mit weißen Schnüren und Borten, dann die dunkelblauen, gleichfalls mit weißen Schnüren und Borten besetzten Pelze mit weißen Pelzvorstößen bei den Mannschaften und braunen bei den Unteroffizieren und Trompetern, lederne Hosen, die nach 1763 weiß angestrichen wurden, dunkelblaue Scharawaden und schwarze Husarenstiefel. Hinzu kamen noch

Tafel 47

die Stulpenhandschuhe, die Leibbinden und die Säbeltaschen. Bei den Trompetern war der Bortenbesatz am Dolman und am Pelz weißrot, ebenso der Besatz der Schwalbennester sowie die Sparren auf den Ärmeln des Pelzes. Die Trompeter aller Husarenregimenter bliesen in Trompeten aus Messing.

An Waffen besaß jeder Husar den Husaren-Säbel M 1721 und – so die Literatur – in diesem Regiment Mittlere oder Kurze Husaren-Karabiner M 1742 von etwa 1,24 m bzw. 91 cm Gesamtlänge sowie zusätzlich ein Paar Steinschloßpistolen M 1742 vorn am Sattel. Adolph Menzel hat hier den kurzen Husaren-Karabiner gezeichnet.

89

Tafel 48 Infanterie-Regiment Nr. 1, Fahnenjunker (Gefreitenkorporal)

Bei diesem Infanterie-Regiment Nr. 1 handelte es sich um den ältesten Truppenteil der preußischen Armee. Er führte seine Entstehung auf eine im Jahre 1615 in Peitz gebildete Märkische Garde bzw. Leibkompanie zurück. Als Friedrich Wilhelm I. im Februar 1713 seine Herrschaft antrat, begann er, seine Armee beträchtlich zu verstärken. Insbesondere löste er einen Großteil der bisherigen Gardetruppen König Friedrichs I. auf. Auch das hier zu besprechende Regiment verlor seinen Garderang.

Das Infanterie-Regiment Nr. 1 bezog in friderizianischer Zeit seinen Mannschaftsersatz aus seinem märkischen Kanton, vor allem aus den Kreisen Storkow, Lebus, Beeskow, Teltow und Zauche sowie aus den Städten Storkow, Buchholtz, Zossen, Teltow, Beelitz, Teupitz und Treuenbrietzen. Der Truppenteil lag – abgesehen von 1794/95 – immer in Berlin in Garnison.

In den Schlesischen Kriegen kämpfte das Regiment mit dem II. Bataillon und den Grenadieren bei Mollwitz, dann vollständig bei Hohenfriedeberg, Prag, Leuthen und Torgau sowie Liegnitz. Im Siebenjährigen Krieg waren diese Grenadiere mit denen des Infanterie-Regiments Nr. 23 zu einem Bataillon zusammengefaßt.

Bei einer Neufestsetzung der Rangfolge preußischer Infanterieregimenter 1768 behielt das Infanterie-Regiment Nr. 1 einen bevorzugten Platz hinter den Garden. Dies war sicher auch dem Andenken an den 1757 gefallenen Freund Friedrichs II. und Regimentschef Hans Carl v. Winterfeldt geschuldet. Im Jahre 1806 kämpfte das Regiment im Korps Blücher und mußte am 7. November bei Ratkau mit kapitulieren (das 3. Bataillon schon am 29. Oktober in Stettin). Dann wurde es aufgelöst.

Die Darstellung des Fahnenjunkers bzw. Gefreitenkorporals enthält eine Vielzahl Informationen zur Uniform des Infanterie-Regiments Nr. 1. Sie gibt anschaulich die etwa 1742 eingeführte Uniform der Mannschaften und Unteroffiziere mit Hut, roter Halsbinde, blauem, rotgefüttertem Uniformrock mit rotem

Tafel 48

Kragen, gleichfarbigen Rabatten und Ärmelaufschlägen, weißer Unterbekleidung und schwarzen Gamaschen sowie ebensolchem Schuhwerk wieder.

Bei den Fahnenjunkern handelte es sich um junge Adlige, die – als Junker – Offizier werden wollten. Diesen künftigen Offizieren wurden die Fahnen des Regiments anvertraut, und so kam die Bezeichnung Fahnenjunker auf. Im Dienst galten sie jedoch als Gefreitenkorporale bzw. Freikorporale. Bei der Kavallerie hießen sie Standartenjunker und bei der Artillerie Stückjunker. Rangmäßig ordneten sie sich zwischen den Korporalen und Sergeanten ein. Demzufolge ist dieser Fahnenjunker mit den Unteroffiziersabzeichen an der Uniform von den Mannschaften abgehoben: schwarzweißer Hutpuschel, breite silberne Tresse um den Hutrand, um die Rabatten und um die Ärmelaufschläge sowie an den Ärmelpatten. An der Seitenwaffe führten sie zunächst alle schwarzweißwollene Unteroffizierstroddeln, dann erhielten ab 1763 die fünf ältesten von ihnen das Offiziers-Portepee. Sie hießen nunmehr Portepee-Fähnriche, waren aber noch keine Offiziere, deren unterster Dienstgrad Fähnrich bzw. Kornett blieb.

Tafel 49 **Infanterie-Regiment Nr. 24, Musketier**
In einer recht gelockerten Haltung hat Adolph Menzel diesen Musketier des Infanterie-Regiments Nr. 24 dargestellt. Der Truppenteil entstand 1715 vor Stralsund aus Teilen der Garnisonen von Spandau und Frankfurt/Oder (das I. Bataillon) sowie von Kolberg (das II. Bataillon). Die Mannschaften rekrutierten sich aus einem Kanton in der Mark, u. a. aus den Kreisen Züllichau, Crossen und teilweise Cottbus sowie aus den Städten Frankfurt/Oder, Beeskow, Züllichau, Crossen, Cottbus, Rotenburg und Bobersberg. Zuzeiten Friedrichs II. lag das Regiment bis 1756 in Frankfurt/Oder und Cottbus, nach 1763 ausschließlich in der erstgenannten Stadt in Garnison.

Lange Jahre, d. h. von 1723 bis zu seinem Tod 1757 in der Schlacht bei Prag, war der von der Aufklärung des 18. Jahrhunderts geprägte hochgebildete und sehr menschliche Generalfeldmarschall Curd Christoph v. Schwerin Chef des Truppenteils und prägte seine Ausbildung und Erziehung.

In den Schlesischen Kriegen zeichnete sich das Infanterie-Regiment Nr. 24 in den Schlachten von Mollwitz, Chotusitz, Hohenfriedeberg (immer auch die Grenadiere), Soor (nur Grenadiere), Prag, Roßbach, Leuthen (nur Grenadiere), Kay, Kunersdorf, Liegnitz, Torgau und Freiberg aus.

Im Jahr der Niederlage der preußischen Armee 1806 geriet auch dieses Regiment in den Sog der Kapitulationen (am 16. Oktober bei Erfurt, am 29. Oktober bei Pasewalk und am 1. November in Küstrin) und verfiel dann der Auflösung.

Tafel 49

Bei der Uniformierung der Mannschaften – Musketiere wie Grenadiere – ist vor allem auf die Borten hinzuweisen, die die roten Rabatten, die ebenfalls roten Ärmelaufschläge und blauen Ärmelpatten einfaßten, des weiteren auf die Schleifen auf und unter den Rabatten, auf den Ärmelpatten und hinten in der Taille des Uniformrocks. Diese Borte war von weißer Wolle, rechts und links von einem sehr schmalen roten Streifen durchzogen und in der Mitte mit einem weiteren solchen, aber schlangenförmigen Streifen versehen. Auf der Unteroffiziersuniform entfiel dieser Bortenbesatz, nur auf den Rabatten befanden sich je drei Paare kleiner goldgestickter Schleifen. Dagegen

91

führten die Offiziere größere und reicher gestickte Schleifen, und zwar unter den Rabatten, auf den Ärmelpatten und auf den Rocktaschen je zwei und sechs in einer Reihe in Taillenhöhe. Die Unterbekleidung der Angehörigen des Regiments war weiß.

Tafel 50 Infanterie-Regiment Nr. 35, Füsilier

Gleich nach Beginn seiner Regentschaft errichtete Friedrich II. im Zuge beträchtlicher Heeresverstärkungen auch das Infanterie-Regiment Nr. 35 als ein Füsilierregiment für seinen Bruder, den Prinzen Heinrich von Preußen. Dieser blieb bis zu seinem Tode im Jahre 1802 Chef des Truppenteils.

Den Grundstock der Mannschaften des Regiments bildete die ehemalige Leibkompanie des Regiments des Königs. Die Mehrzahl der Füsiliere und Grenadiere des Truppenteils setzte sich aus Geworbenen aus allen Teilen des Deutschen Reiches zusammen. Das Regiment erhielt keinen eigenen Kanton, bekam aber jährlich einige Rekruten aus dem sogenannten Königskanton in Schlesien. Bis zum Ausbruch des Siebenjährigen Krieges blieb Potsdam als der Errichtungsort des Truppenteils auch seine Garnisonstadt, ab 1763 lagen die Kompanien in Spandau und in Nauen.

Das Infanterie-Regiment Nr. 35 nahm während des Siebenjährigen Krieges an den Schlachten von Prag (nur mit dem II. Bataillon), Kolin, Breslau (auch Grenadiere), Leuthen (ein Bataillon und Grenadiere), Kunersdorf und Torgau (beide Male auch die Grenadiere) teil. Im Jahre 1806 geriet auch dieser Truppenteil wie die meisten anderen Regimenter in den Sog der Niederlagen: Die Bataillone kapitulierten mit bei Erfurt (am 16. Oktober), bei Magdeburg (am 11. November) und in Küstrin (am 1. November).

Bei der Uniformierung dieser Füsiliere fallen zuerst wiederum die Füsiliermützen mit ungefähr 23 cm hohem Vorderschild auf. Sie sollten die geringere Körpergröße der Füsiliere gegenüber dem Feind ausgleichen. Auf diesem Blatt gibt Adolph Menzel auch die Vorder- und Rückseite einer etwa gleich hohen Gre-

Tafel 50

nadiermütze des Infanterie-Regiments Nr. 35 wieder. Im Unterschied zur Füsiliermütze steht hier der Kopfteil nicht frei, sondern fällt an den Vorderschild. Die Granatensymbolik kennzeichnet die Füsiliermütze, während die Grenadierkopfbedeckung des Truppenteils ein rot-weiß-roter Puschel ziert.

Die blauen Uniformröcke sind mit rotem Boy gefüttert, aber mit schwefelgelben Kragen, Rabatten, Achselklappen und Ärmelaufschlägen gearbeitet. Auch die Unterbekleidung weist die schwefelgelbe Farbgebung auf. Die schwarze Halsbinde verdeutlicht, daß es sich bei Nr. 35 um ein »junges« Regiment handelte.

92

Tafel 51 **Kürassier-Regimenter Nr. 5 und Nr. 6, Offiziere**

In weite Mäntel unterschiedlicher Fertigung und Farbe gehüllt, gab Adolph Menzel in seinem Armeewerk auch zwei Offiziere der Kürassier-Regimenter Nr. 5 und Nr. 6 wider. In friderizianischer Zeit gab es für die Offiziere der Kavallerie (Kürassiere und Dragoner) sowohl die ursprünglich schon vorhandenen weißen Kaputmäntel (rechts abgebildeter Offizier vom Regiment Nr. 5) als auch vom Jahre 1756 an – nach und nach eingeführt, allerdings durch die Kriegsereignisse verzögert – dunkelblaue Radmäntel (links dargestellter Offizier vom Regiment Nr. 6).

Beide Arten von Mänteln, damals auch als Roquelor bezeichnet, waren gefüttert, sehr wahrscheinlich in der Abzeichenfarbe des Truppenteils. Demzufolge war der dunkelblaue Mantel von Nr. 6 hellrot und der weiße Mantel von Nr. 5 hellblau. Die Reitknechte der Offiziere mußten diese doch recht schweren Mäntel im Felde vor sich auf dem Pferd mitführen, wenn ihre Herren sie nicht trugen.

Das Kürassier-Regiment Nr. 5, in dem Friedrich Wilhelm v. Seydlitz seine Laufbahn als Reiterführer mit dem Dienstgrad Kornett begann, bestand seit 1683.

Dieser Truppenteil hatte zuerst hugenottische Flüchtlinge aus Frankreich aufgenommen. Später erhielt das Regiment seinen Kanton in der Neumark und lag dort auch in kleinen Ortschaften und Städten, z. B. Angermünde, in Garnison.

In den Schlesischen Kriegen war es an den Schlachten bei Mollwitz, Hohenfriedeberg, Kesselsdorf, Lobositz, Prag, Breslau, Leuthen, Zorndorf, Kay, Kunersdorf, Liegnitz, Torgau und Freiberg beteiligt. 1806 vermochte sich das Regiment samt Depot den französischen Truppen zu entziehen und bildete einen Teil des neuen Brandenburgischen Dragoner-Regiments.

Einige Zeit nach der Aufstellung des Stammtruppenteils vom Kürassier-Regiment Nr. 5 wurde aus Mannschaften dieses Regiments 1688 das spätere Kürassier-Regiment Nr. 6 errichtet. Sein Kanton lag dann im Fürstentum Halberstadt. Die Städte Aschers-

Tafel 51

leben, Kroppenstedt und Oschersleben nahmen die Eskadronen in Garnison.

Die Angehörigen dieses Truppenteils kämpften während der Schlesischen Kriege bei Kesselsdorf, Lobositz, Prag, Kolin, Breslau, Leuthen und Hochkirch. Sie mußten jedoch bei Maxen 1759 mit kapitulieren, wurden dann aber erneut formiert.

Erst die Kapitulation am 1. November 1806 bei Anklam im Zuge der Niederlage der preußischen Armee stellte das endgültige Aus für das Regiment dar. Nur Reste und das Depot konnten zur Aufstellung einer Eskadron des neuen Brandenburgischen Kürassier-Regiments herangezogen werden.

Tafel 52 **Husaren-Regiment Nr. 8, Husar**

Einige wenige Angaben zum Husaren-Regiment Nr. 8 und zu seiner roten Offiziersuniform sind an anderer Stelle schon gebracht worden. Formationsgeschichtlich stellt sich die Geschichte dieses Husarentruppenteils etwas kompliziert dar. Das ursprüngliche Husaren-Regiment Nr. 8 war 1743 in Köpenick errichtet worden, lag bis 1756 in Belgard, Bütow, Lauenburg, Neustettin, Rummelsburg, Schlawe, Tempelburg und Zanow in Garnison.

Es kämpfte bei Hohenfriedeberg, Kolin, Roßbach, Breslau und Leuthen ganz oder in Teilen mit und gab sich bei Maxen am 21. November 1759 mit dem Korps v. Finck den Österreichern gefangen. In den schlesischen Festungen zurückgebliebene drei Eskadronen wurden schließlich aufgelöst. An die Stelle des bisherigen Regiments Nr. 8 trat der Husarentruppenteil von Generalmajor Wilhelm Sebastian v. Belling.

Diese Belling-Husaren waren Anfang des Jahres 1758 zu fünf Eskadronen in Stärke von 21 Offizieren, 40 Unteroffizieren, fünf Trompetern, 510 Husaren, fünf Fahnenschmieden und fünf Feldscheren aufgestellt worden. Im Winter 1760/61 kam ein zweites und bis zum Sommer 1761 sogar noch ein drittes Bataillon hinzu. Damit setzte sich das Regiment aus 15 Eskadronen zusammen. Der Truppenteil kämpfte im Siebenjährigen Krieg bei Kunersdorf und bei Freiberg. Vor allem zeichnete er sich im Kleinkrieg gegen die schwedischen Truppen in Mecklenburg und Pommern aus.

Die Uniform dieser Husaren war zunächst völlig schwarz gehalten, wie auch die Abbildung veranschaulicht. Auf der schwarzen Flügelmütze der Mannschaften war eine vollständige Skelett-Symbolik weiß aufgestickt – der »ganze Tod«. Die Unteroffiziere führten dort aber nur eine grüne und die Offiziere eine schwarzseidene Rosette. Den schwarzen Dolman und den ebenfalls schwarzen Pelz zierten bei den Mannschaften und Unteroffizieren grüne Schnüre, bei den Trompetern waren diese schwarzgelb gestreift, und bei den Offizieren gab es eine Goldverschnürung. Der Pelz der Husaren, Unteroffiziere und Trompeter unterschied sich noch durch

Tafel 52

einen sehr schmalen weißen Pelzvorstoß von dem breiten, schwarzen Pelzvorstoß der Offizierspelze. Außerdem kennzeichnete das Hellgrün der Kragen und Ärmelaufschläge die Dolmane der Offiziere.

Einzig die Belling-Husaren besaßen nach neuester Literatur um den Leib geschlungene Schärpen ganz in Schwarz, d. h. in nur einer Farbe, während Adolph Menzel diese Schärpen für die Husaren hier noch Grüngelb brachte. Die Offiziersschärpe war wohl silbern oder schwarzsilbern.

Im Jahre 1764 erhielt das Regiment auch die ursprüngliche rote Uniformierung seines Vorgängertruppenteils.

Tafel 53 Infanterie-Regiment Nr. 5, Musketier

Das Steinschloßgewehr geschultert, tritt dem Betrachter dieses Blattes aus dem Armeewerk des Künstlers ein Musketier des Infanterie-Regiments Nr. 5 entgegen. Dieser Truppenteil rechnete ebenfalls zu denen mit einer sehr langen Geschichte, denn als Gründungsjahr galt schon 1655. Eine bestimmte Zeit, nämlich von 1674 bis 1713, besaß es sogar Garderang, um sich dann im Gefolge der Heeresverstärkungen Friedrich Wilhelms I. in die Infanterieregimenter einzureihen.

Das Infanterie-Regiment Nr. 5 erhielt in den 30er Jahren des 18. Jahrhunderts seinen Kanton im Raum Magdeburg, Calbe, Staßfurt und Luckenwalde. Es lag in Magdeburg in Garnison. In den Kriegen Friedrichs II. hatten sich die Angehörigen dieses Truppenteils in den Schlachten bei Mollwitz, Chotusitz, Hohenfriedeberg, Kesselsdorf, Lobositz, Roßbach, Leuthen, Hochkirch, Kunersdorf, Liegnitz und Torgau durchaus bewährt. Bei Mollwitz, Chotusitz und Kesselsdorf kamen allerdings nur die Grenadiere des Regiments zum Einsatz. Dieses Leistungsverhalten mag von seinem militärisch befähigten Chef, dem Herzog Ferdinand von Braunschweig, nach sorgfältiger Ausbildung und Erziehung erreicht worden sein. Aber auch die Geschichte dieses Regiments endete im Jahr 1806, als es in die ruhmlose Kapitulation der Festung Magdeburg am 11. November eingeschlossen war.

Die Musketierformen des Infanterie-Regiments Nr. 5 setzten sich aus schwarzen Dreispitzen mit einem gelb-weiß-roten Puschel (Adolph Menzel ließ diesen noch weiß-gelb-rot kolorieren), roten Halsbinden als Kennzeichen der »alten« Regimenter, den blauen, rotgefütterten Uniformröcken, einer Unterbekleidung in Paille, schwarzen Gamaschen und gleichfarbigem Schuhwerk zusammen. Der Uniformrock der Mannschaften war mit Kragen, Rabatten und Ärmelaufschlägen in Paille, gelben Uniformknöpfen und sechs orangefarbenen Schleifen mit weißen Puscheln ausgezeichnet. Auch die Achselklappen waren entgegen sonstigen Gepflogenheiten nicht in Blau, sondern in Paille gehalten. An den Uniformröcken der Offiziere des Regiments befanden sich 26 goldge-

Tafel 53

stickte Schleifen als auffallende Schmuckelemente. Die hier dargestellte und beschriebene Uniform galt für das Infanterie-Regiment Nr. 5 seit dem Jahre 1752. Es hatte zu jener Zeit diese Uniform vom Infanterie-Regiment Nr. 12 übernommen, das eine neue Uniform erhielt.

Tafel 54 Dragoner-Regiment Nr. 12, Offizier

Nach links schreitend und sich mit einem Stock abstützend – so stellte Adolph Menzel diesen Offizier des Dragoner-Regiments Nr. 12 im Armeewerk dar. Dieser Truppenteil war 1734 in Württemberg als Kü-

Tafel 54

rassierregiment formiert worden und wurde per 28. September 1741 als ein Dragonerregiment in die preußische Armee übernommen.

Die Chefstelle des neuen Dragoner-Regiments Nr. 12 (auch noch Alt-Württemberg genannt) hatte bis 1749 die württembergische Herzogin Maria Auguste inne, dann folgte bis 1769 ihr Sohn Friedrich Eugen.

Schwierigkeiten, die sich aus dem Verhältnis des Chefs zum Kommandeur (dieser führte ja eigentlich das Regiment) und zum Offizierskorps ergaben, vermochte der von Oktober 1752 bis Februar 1753 als Kommandeur eingesetzte berühmte preußische Reiterführer Oberstleutnant Friedrich Wilhelm v. Seydlitz

rasch zu beheben. Zugleich beeinflußte er auch die Ausbildung des Regiments.

Zuerst dienten noch Württemberger als Mannschaften im Truppenteil, doch 1743 erhielt das Regiment seinen Kanton in Pommern. Im ersten Jahr des Siebenjährigen Krieges, 1756, kamen gefangengenommene sächsische Dragoner des Regiments »Rutowski« als II. Bataillon zum Regiment. Eine starke Desertion ließ diesen Versuch im April des folgenden Jahres schon enden. Garnisonorte waren Greifenberg, Massow, Naugard, Treptow/Rega und Wollin.

Im Zweiten Schlesischen Krieg focht das Regiment bei Hohenfriedeberg. Im Siebenjährigen Krieg nahm es an den Schlachten von Prag, Breslau, Leuthen, Hochkirch und Torgau teil. Nach der Kapitulation von Maxen am 21. November 1759 bestand nur eine Eskadron weiter. Anfang 1761 hatte der Truppenteil jedoch wieder Regimentsstärke. 1806 ging die Geschichte des Dragoner-Regiments Nr. 12 im Zusammenhang mit der Kapitulation des Korps Blücher bei Ratkau am 7. November zu Ende.

Nach der Übernahme in die preußische Armee behielten die Angehörigen des Regiments noch einige Zeit ihre erst vor kurzem erhaltenen württembergischen Uniformen. Aber auch als ein dann preußischer Truppenteil ließen bestimmte Uniformelemente die Herkunft aus Württemberg und Inhaberschaft der Chefstelle durch einen württembergischen Prinzen sichtbar werden. Dazu zählten die schwarze Abzeichenfarbe, der Hutkordon und die Schmuckborte der Tamboure mit sogar allen Farben des Wappens Württemberg. Die hellblauen Uniformröcke waren mit hellgelbem Stoff gefüttert und der Kragen, die Rabatten und die Ärmelaufschläge bei den Mannschaften und Unteroffizieren aus schwarzem Plüsch bzw. bei den Offizieren aus schwarzem Samt. Hinzu kamen weiße bzw. silberne Uniformknöpfe und Achselbänder. Außerdem zierten den Uniformrock der Offiziere vor allem die 30 silbergestickten Schleifen. Eine paillefarbene Weste und lederne Hosen, schwarze Hüte und gleichfarbige Halsbinden vervollständigten die Uniformierung des Dragoner-Regiments Nr. 12.

Tafel 55 **Infanterie-Regiment Nr. 22, Zimmermann**

Natürlich enthält das Armeewerk Adolph Menzels auch etliche Abbildungen spezieller Chargen der preußischen Armee, so z. B. den hier wiedergegebenen Zimmermann der Grenadiere des Infanterie-Regiments Nr. 22 Musketiere und ein Offizier dieses Regiments wurden bereits an anderer Stelle behandelt.

Die Zimmerleute eines preußischen Infanterieregiments wurden unter Friedrich Wilhelm I. wie unter Friedrich II. mit Feldpionierarbeiten betraut, d. h., sie besserten Marschwege aus, stellten Brücken wieder her und errichteten Verhaue, sogenannte spanische Reiter zur Abwehr von Kavallerieattacken. Auch zog man auf den Feldzügen die Zimmerleute zur Bedienung der Regiments- und Bataillonsgeschütze heran. Bis 1749 gab es in jeder Grenadierkompanie sechs, dann sieben Zimmerleute.

Weil diese Zimmerleute zu den Grenadierkompanien gehörten, trugen sie auch die charakteristischen hohen Grenadiermützen. Im übrigen waren sie aber wie die anderen Regimentsangehörigen uniformiert. In diesem Fall setzte sich die Uniform aus dem blauen, rotgefütterten Uniformrock mit roten Rabatten und ebensolchen Ärmelaufschlägen, paillefarbener Unterbekleidung (sie war sehr hell, wurde deshalb oftmals auch weiß gezeichnet), roter Halsbinde, schwarzen Gamaschen und schwarzem Schuhwerk zusammen.

Der Uniformrock der Mannschaften war mit Borten unter den Rabatten, auf den Ärmelpatten und hinten in Taillenhöhe geschmückt. Diese weißen Borten waren von orangefarbenen Streifen durchzogen. Die Spielleute besaßen ganz und gar weiße Borten an gleicher Stelle sowie etwas kleinere auf den Rabatten (je drei Paare). Ebenfalls weiß waren die Schwalbennester und Uniformrockärmel dieser Tamboure besetzt. Die Unteroffiziere führten je vier goldgestickte Schleifen auf den Rabatten und je zwei etwas kleinere, aber breitere auf den Ärmelpatten.

Tafel 55

Die Zimmerleute waren zusätzlich mit Äxten und ledernen Schurzfellen ausgestattet. Die Äxte steckten in der großen Patronentasche (Zimmertasche). Die Munition bewahrten sie in einer vorn auf den Leib geschnallten Kartusche auf. Bis ins Jahr 1753 gehörten Steinschloßgewehre und Seitenwaffen zur Bewaffnung, dann entfielen die Gewehre.

Kampfhandlungen
in den Schlesischen Kriegen

Erster Schlesischer Krieg 1740–1742

Mollwitz (Malujowice)	10. April 1741
Chotusitz (Chotusice)	17. Mai 1742

Zweiter Schlesischer Krieg 1744/1745

Hohenfriedeberg (Dobromierz)	04. Juni 1745
Soor (Žďár)	30. September 1745
Kesselsdorf	15. Dezember 1745

Siebenjähriger Krieg 1756–1763

Lobositz (Lovosice)	01. Oktober 1756
Prag	06. Mai 1757
Kolin	18. Juni 1757
Groß Jägersdorf	30. August 1757
Roßbach	05. November 1757
Breslau (Wrocław)	22. November 1757
Leuthen (Lutynia)	05. Dezember 1757
Krefeld	23. Juni 1758
Zorndorf (Sarbinowo)	25. August 1758
Hochkirch	14. Oktober 1758
Bergen	13. April 1759
Kay (Kije)	23. Juli 1759
Minden	01. August 1759
Kunersdorf (Kunowice)	12. August 1759
Landshut (Kamienna Góra)	23. Juni 1760
Liegnitz (Legnica)	15. August 1760
Torgau	03. November 1760
Burkersdorf (Burkatów)	21. Juli 1762
Freiberg	29. Oktober 1762

Begriffserklärungen

Abzeichenfarbe: andersfarbige Teile des Uniformrocks wie Kragen, Rabatten, Ärmel- und Schoßaufschläge.

Agraffe: Schmuckelement am Hut der Offiziere, diente der Befestigung der Kokarde.

Auditeur: Militärgerichtsbeamter.

Bandelier: breiter Schulterriemen.

Blau: traditionelle Grundfarbe preußischer Uniformen.

Boy: grober, flanellartiger Futterstoff.

Chemisett: hier Bezeichnung für die Weste der Kürassiere; sie war farbig und mit Schößen gearbeitet.

Dolman: schoßlose bzw. kurzschößige eng anliegende Schnürjacke der Husaren.

Düllenbajonett: (auch Tüllen- oder Dillenbajonett) Ende des 17. Jahrhunderts aufkommende Stichwaffe; mit einer Dülle vorn so über den Lauf der Schußwaffe geschoben, daß Klinge mit Hals seitlich von der Gewehrmündung standen und ein Schießen mit aufgepflanztem Bajonett möglich war.

Feldscher: Heilgehilfe, Hilfswundarzt.

Fourier: Wirtschaftsunteroffizier.

Gamaschen: auch Stiefeletten, aus Tuch, Leinen oder Leder gefertigter Überstrumpf.

Hautboist: von Oboist kommende Bezeichnung für Bläser, später für alle Infanteriemusiker.

Interimsuniform: außer Dienst von Offizieren getragene, bequeme oder auch schlichter gehaltene Uniform, um die eigentliche Uniform zu schonen.

Kamisol: Ärmelweste als Teil der Unterbekleidung; die Tuchärmel wurden im Sommer abgetrennt.

Kanton: Aushebungsbezirk für den Mannschaftsersatz einzelner Regimenter.

Katanka: pelzgefüttertes, mit Schnüren besetztes, knielanges Bekleidungs- bzw. Uniformstück osteuropäischer Herkunft.

Kirsey: schwerer Wollstoff.

Königskanton: ein Aushebungsbezirk, den sich Friedrich II. ab 1743 in einigen Provinzen selbst vorbehalten hatte.

Kollet: vor allem Bezeichnung für den von der Kavallerie getragenen Uniformrock, knappsitzend, bis zur Taille geschlossen und mit kurzen Schößen.

Kolpak: an der Pelzmütze der Husaren herabhängender Tuchbeutel.

Küraß: in der preußischen Armee Brustpanzer der Kürassiere.

Kurzgewehr: Stangenwaffe, zugleich Rangabzeichen der Unteroffiziere.

Paille: helle gelbweiße Farbe.

Peleton: kleinste taktische Unterteilung von Infanterieeinheiten spätfeudaler Heere, in Preußen 8 Peletons je Bataillon.

Pikettpfahl: diente im Lager zum Anpflocken der Pferde.

Plumage: vor allem bei Hüten der Generale um die Krempe liegender Federbesatz.

Portepee: Offiziersrangabzeichen um den Griff der Seitenwaffe.

Profoß: sorgte mit Stockknechten für den Strafvollzug im Regiment.

Rabatte: farbige Umschlagklappe an der Vorderseite des Uniformrocks.

Revue: hier Truppenbesichtigung.

Schabracke: farbige, oft verzierte Satteldecke.

Schabrunke: farbige, oft verzierte Decke über den Pistolenhalftern am Sattel.

Scharawaden: Überziehhosen der Husaren von der Art langer Strümpfe.

Schärpe: um den Leib getragenes breites Schmuckband aus Seide, das als Rangabzeichen der Offiziere diente, in der preußischen Armee schwarzsilbern durchwirkt.

Schwalbennester: volkstümliche Bezeichnung für die Abzeichen der Spielleute an den Oberärmeln des Uniformrocks, entstand aus den Achselwülsten.

Sponton: Stangenwaffe, zugleich Rangabzeichen der Offiziere.

Stammliste: diente als Hilfsmittel zur Einteilung und Numerierung der Regimenter innerhalb der Truppengattungen; eigentlich erfolgte die Benennung der Regimenter nach den Namen der Chefs, doch Fürst Leopold von Anhalt-Dessau erarbeitete in seinen »Spezifikationen« von 1729 und 1737 eine solche Ordnung.

Tambour: Trommler der Infanterie und der Dragoner.

Tresse: schmales, durchbrochen gewebtes Band bzw. Borte mit Gold- oder Silberfäden zum Besatz von Uniformstücken.

Überkomplette: über den Etat hinaus eingestellte Mannschaften der Einheiten zum Ausgleich von Ausfällen.

Unterbekleidung: hier zusammenfassende Bezeichnung für die Weste und die Hosen.

Literaturverzeichnis

Arbeiten von und über Adolph Menzel

– Adolph von Menzels Briefe. Herausgegeben von H. Wolff, Berlin 1914
– Adolph Menzel. Humor und Satire der »kleinen Exzellenz«. Herausgegeben von G. Lammel, Berlin 1986
– Adolph Menzel. Das Kinderalbum. Herausgegeben von G. Holtz-Baumert, Berlin 1986
– Adolph Menzel. Nationalgalerie, Gemälde, Zeichnungen, Ausstellung 1980, Berlin 1980
– Adolph Menzel. Verzeichnis seines graphischen Werkes von Elfriede Bock, Berlin 1923
– Adolph Menzel. Zeichnungen, Druckgraphik und illustrierte Bücher. Ein Bestandskatalog der Nationalgalerie, des Kupferstichkabinetts und der Kunstbibliothek, Staatliche Museen Preußischer Kulturbesitz, Berlin 1984
– Die Armee Friedrichs des Großen in ihrer Uniformierung, gezeichnet und erläutert von Adolph Menzel. Eine Auswahl von 100 Tafeln in mehrfarbiger Faksimile-Reproduktion. Herausgegeben von F. Skarbina und C. Jany, Berlin o. J. (um 1910)
– A. Dorgerloh, Verzeichnis der durch Kunstdruck vervielfältigten Arbeiten Adolph Menzels, Leipzig 1896
– P. H. Feist, Adolph Menzel und der Realismus. In: Adolph Menzel. Nationalgalerie, Gemälde, Zeichnungen, Ausstellung 1980, Berlin 1980
– Ders., Adolph Menzel. Ein Realist aus dem Vormärz. In: Gestalten der Bismarckzeit, Band II, Berlin 1986
– W. Hütt, Adolph Menzel, Leipzig 1981
– M. Jordan, Das Werk Adolph Menzels 1815–1905, München 1905
– K.-U. Keubke/H. Schnitter, Adolph von Menzel und das preußische Heer des 18. Jahrhunderts. In: Militärgeschichte, Berlin, Heft 5/1981
– G. Lammel, Adolph Menzel. Frideriziana und Wilhelmina, Dresden 1988
– Die Soldaten Friedrichs des Großen. 31 Holzschnitte von Adolph Menzel. Eingeleitet und erläutert von H. Makkowsky, Leipzig 1923
– K. Scheffler, Adolph Menzel, Leipzig 1938
– E. Trost, Adolph Menzel, Berlin 1980

Arbeiten zur Geschichte Preußens und der preußischen Armee

– Kurzer Abriß der deutschen Militärgeschichte, Berlin 1984
– H. Bleckwenn, Unter dem Preußen-Adler. Das Brandenburgisch-Preußische Heer 1640–1807, München 1978
– O. Büsch, Militärsystem und Sozialleben im alten Preußen 1713–1807. Die Anfänge der sozialen Militarisierung der preußisch-deutschen Gesellschaft, Berlin 1962
– Die Bewaffnung und Ausrüstung der Armee Friedrichs des Großen. Eine Dokumentation aus Anlaß seines 200. Todesjahres, Rastatt 1986
– Deutsche Geschichte, Band 3. Die Epoche des Übergangs vom Feudalismus zum Kapitalismus von den siebziger Jahren bis 1789, Berlin 1983
– Europa im Zeitalter Friedrichs des Großen. Wirtschaft, Gesellschaft, Krieg, München 1989

- Deutsche Militärgeschichte in sechs Bänden 1648–1939, Band 1, München 1983, Abschnitte I, II
- Ch. Dúffy, Friedrich der Große und seine Armee, Stuttgart 1978
- Ders., Friedrich der Große. Ein Soldatenleben, Zürich/Köln 1986
- F. Engels, Armee, Infanterie, Kavallerie, Fortifikation. In: K. Marx/F. Engels, Werke, Bd. 14, Berlin 1979
- E. Fiebig, Husaren heraus! Reitergeist und Reitertat in Dolman und Attila, Berlin 1933
- S. Fiedler, Kriegswesen und Kriegführung im Zeitalter der Kabinettskriege, Koblenz 1986
- G. Förster u. a., Uniformen europäischer Armeen, Berlin 1983
- E. v. Frauenholz, Das Heerwesen in der Zeit des Absolutismus, München 1940
- Friedrich der Große und das Militärwesen seiner Zeit, Herford/Bonn 1987
- Friedrich II. und die Kunst. Ausstellung zum 200. Todestag, Potsdam – Sanssouci 1987
- O. Groehler, Die Kriege Friedrichs II., Berlin 1986
- C. Jany, Geschichte der Königlich Preußischen Armee bis zum Jahre 1807, Band II und III, Berlin 1928/29
- C. Kling, Geschichte der Bekleidung, Bewaffnung und Ausrüstung des Königlich Preußischen Heeres. Erster Teil. Die Infanterieregimenter im Jahre 1806. Allgemeine Bemerkungen, Weimar 1902; zweiter Teil. Die Kürassier- und Dragoner-Regimenter seit Anfang des 18. Jahrhunderts bis zur Reorganisation der Armee 1808, Weimar 1906; dritter Teil. Die leichte Infanterie oder Die Füsilier-Bataillone 1787–1809 und Die Jäger 1744–1809, Weimar 1912
- K. v. Kloeden, Jugenderinnerungen, Leipzig 1911
- G. Liebe, Der Soldat in der deutschen Vergangenheit, Leipzig 1899
- A. v. Lyncker, Die Altpreußische Armee 1714–1806 und ihre Militärkirchenbücher, Berlin 1937
- G. Maier, Preußische Blankwaffen, Band I, Biberach 1976
- F. Mehring, Die Lessing-Legende. In: Gesammelte Schriften, Band 9, Berlin 1975
- F.-G. Melzer/H. Bleckwenn, Die Uniformen der Preußischen Infanterie 1753–1786, Osnabrück 1973
- F.-G. Melzer/H. Bleckwenn, Die Uniformen der Preußischen Kavallerie, Husaren und Lanzenreiter 1753–1786, Osnabrück 1979
- F.-G. Melzer/H. Bleckwenn, Die Uniformen der Preußischen Technischen Truppen, Rückwärtigen Dienste und Kriegsformationen 1753–1786, Osnabrück 1984
- I. Mittenzwei, Friedrich II. von Preußen. Eine Biographie, Berlin 1979
- I. Mittenzwei/E. Herzfeld, Brandenburg-Preußen 1648 bis 1789. Das Zeitalter des Absolutismus in Text und Bild, Berlin 1987
- H. Müller/H. Kölling, Europäische Hieb- und Stichwaffen aus der Sammlung des Museums für Deutsche Geschichte, Berlin 1981
- H. Müller/F. Kunter, Europäische Helme aus der Sammlung des Museums für Deutsche Geschichte, Berlin 1984
- G. Ortenburg, Waffe und Waffengebrauch im Zeitalter der Kabinettskriege, Koblenz 1986
- Preußen in der deutschen Geschichte vor 1789, Berlin 1983 (Studienbibliothek DDR-Geschichtswissenschaft, Band 2)
- Preußen. Legende und Wirklichkeit, Berlin 1985
- Preußisches Soldatenleben in der Friedericianischen Zeit. Herausgegeben und eingeleitet von Raimund Steinert, Leipzig o. J. (1910) (Mit Auszügen aus den Schriften von U. Bräker, J. W. von Archenholz, F. C. Laukhart und K. F. von Kloeden)
- Der bunte Rock in Preußen. Militär- und Ziviluniformen 17. bis 20. Jahrhundert in Zeichnungen, Stichen und Photographien aus dem Bestand der Kunstbibliothek Berlin, Berlin 1981
- T. Schieder, Friedrich der Große. Ein Königtum der Widersprüche, Frankfurt a. Main/Berlin/Wien 1983
- H. Schnitter/Th. Schmidt, Absolutismus und Heer. Zur Entwicklung des Militärwesens im Spätfeudalismus, Berlin 1987
- H. Schnitter, Volk und Armee im friderizianischen Berlin. In: Militärgeschichte, Berlin, Heft 4/1987
- Ders., König Friedrich II. von Preußen – König, Feldherr, Militärtheoretiker. In: Europäische Herrscher. Herausgegeben von G. Vogler, Weimar 1988
- G. Vogler/K. Vetter, Preußen. Von den Anfängen bis zur Reichsgründung, Berlin 1984
- A. v. Witzleben, Aus alten Parolebüchern der Berliner Garnison zur Zeit Friedrichs des Großen, Berlin 1851
- Wörterbuch zur deutschen Militärgeschichte, 2 Bände, Berlin 1987
- Zeitschrift für Heereskunde. Wissenschaftliches Organ für die Kulturgeschichte der Streitkräfte, ihre Bekleidung, Bewaffnung und Ausrüstung, für heeresmuseale Nachrichten und Sammler-Mitteilungen, Hamburg 1929 ff.